Historia de Grecia

Un apasionante recorrido por la historia de Grecia

Índice

Introducción

La tierra de Grecia y su historia cautivan la imaginación. Con escarpadas montañas rodeadas por el mar, la historia de Grecia nos trae a la mente poesía épica, elegantes esculturas y el inicio de la democracia. Grecia libró guerras inolvidables contra los imperios persa, romano y otomano, pero sus guerras internas fueron quizá las más memorables. Durante gran parte de su historia, Grecia no fue una sola nación, sino un grupo de ciudades-estado enfrentadas por la supremacía. Los asentamientos griegos se extendieron mucho más allá del actual país, hasta las colonias del Mediterráneo y el mar Negro.

A lo largo de nueve mil años de historia, varias civilizaciones griegas alcanzaron alturas asombrosas antes de sufrir caídas cataclísmicas. Siempre resilientes, nuevas potencias griegas resurgieron de sus cenizas para dejar su huella en el mundo. El Imperio macedonio de Alejandro Magno y sus sucesores se extendió desde la península balcánica hasta Egipto y atravesó Asia hasta el valle del Indo. Más tarde, el Imperio bizantino reclamó gran parte de este mismo territorio.

Grecia influyó en el resto del mundo, especialmente en la cultura romana. Pero también absorbió y desarrolló los conocimientos científicos, las tecnologías y las religiones de las regiones circundantes. Esta fusión de conocimientos asiáticos, norteafricanos y europeos dio lugar a la cultura helenística, una potencia de las artes, las ciencias y la filosofía. El remanente oriental del Imperio romano continuó durante más de un milenio como el poderoso Imperio bizantino, orientado hacia la cultura griega y bastión del cristianismo ortodoxo oriental. El legado polifacético y perdurable de Grecia ha enriquecido al mundo.

Este libro pretende guiarle en un viaje comprensible y ameno por la historia de Grecia desde la Edad de Piedra hasta el siglo XX. Este conciso resumen presentará las distintas civilizaciones griegas y explicará los rasgos distintivos de cada época y lo que las hizo excepcionales. Por supuesto, la historia no es solo datos y fechas, sino también personas. Este libro da vida a sus historias con todo su ingenio, desesperación, valentía y arte.

Leer historia puede ser fascinante, pero también tiene beneficios inconmensurables. Conocer la historia de Grecia nos ayuda a comprender la base griega de la innovación política de los últimos siglos, y cómo su arte y arquitectura influyeron en nuestro sentido de la estética. Estamos en deuda con los historiadores griegos no solo por registrar su propia historia, sino también la de babilonios, persas, romanos y otros. Lo que dejaron los griegos está entretejido en nuestras vidas de hoy.

¡Retrocedamos hasta los primeros asentamientos griegos y exploremos las asombrosas aportaciones de los griegos a nuestro mundo!

PRIMERA PARTE:
Del Neolítico al colapso de la Edad de Bronce (7000 a. e. c.-750 a. e. c.)

Capítulo 1: La Edad de Piedra, los minoicos y la civilización cicládica

¡Un cráneo! La estalagmita que crecía de su cabeza parecía a primera vista un cuerno. Christos, un aldeano griego, se inclinó para verlo más de cerca, enfocando con su luz el extraño hallazgo de la cueva Petralona. ¿Era humano?

Un año antes, en 1959, un pastor llamado Filippos había recorrido las laderas del monte Katsika, en la Calcídica, una península del norte de Grecia. Buscaba una fuente de agua para sus rebaños. Descubrió la entrada a una enorme cueva. Dentro, encontró múltiples cámaras cubiertas de estalactitas y estalagmitas. Y entonces, Christos había encontrado un cráneo en una pequeña caverna dentro de la cueva.

Geólogos y paleontólogos llevan seis décadas investigando el cráneo y la cueva. Al cráneo le falta la mandíbula, pero conserva los dientes superiores. Los investigadores siguen debatiendo si el cráneo es masculino o femenino. ¿Es un *Homo sapiens* (humano moderno) o un antepasado anterior? ¿Cuántos años tiene? Las estimaciones más controvertidas oscilan entre 160.000 y 700.000 años. Los antropólogos llegaron a la conclusión de que poseía rasgos europeos, lo que cuestiona la teoría de que los primeros humanos salieron de África.

Cráneo de Petralona cubierto de calcificación con una estalagmita sobresaliente

Los cambios geológicos han complicado el estudio arqueológico de la prehistórica Edad de Piedra de Grecia. La península griega está situada entre las placas geológicas africana y euroasiática. Durante milenios, a medida que África se desplazaba lentamente un centímetro al año hacia Grecia, la colisión de ambas placas provocó constantes plegamientos geológicos, levantamientos, volcanes y terremotos. La erosión producida por los agricultores que talaban los árboles del paisaje montañoso de Grecia alteró aún más el registro arqueológico[1].

La Edad de Piedra se refiere al período más temprano de la existencia humana en el que los pueblos antiguos utilizaban herramientas de piedra. Los arqueólogos discuten apasionadamente la fecha de inicio de este periodo. Suponiendo que procesos como la desintegración radiométrica se produjeran al ritmo actual, muchos científicos estiman que fue hace entre dos y tres millones de años. La fecha final se sitúa en torno al 3300 a. e. c., cuando los humanos empezaron a utilizar utensilios de bronce, aunque las distintas civilizaciones progresaron a ritmos diferentes.

---

[1] Curtis Runnels, "Review of Aegean Prehistory IV: The Stone Age of Greece from the Paleolithic to the Advent of the Neolithic", American Journal of Archaeology 99, no. 4 (1995): 699. https://doi.org/10.2307/506190.

Uno de los primeros arqueólogos en estudiar la Edad de Piedra griega fue Christos Tsountas, que se centró en los materiales neolíticos (finales de la Edad de Piedra) de la llanura de Tesalia a partir de 1901. Adalbert Markovits excavó la cueva de Zaimis, en el Ática, y la de Ulbricht, en la península de Argólida, en la década de 1920. Identificó artefactos del Paleolítico (primera Edad de Piedra) y el Mesolítico (Edad de Piedra Media).

Por su parte, Gordon Childe exploró los hallazgos neolíticos de la llanura de Tesalia y observó un parecido entre los artefactos griegos y los encontrados en Asia occidental. Creía que la civilización neolítica de Tesalia, excepcionalmente desarrollada, era el primer ejemplo europeo de aldeas asentadas y agricultura. La datación por radiocarbono sitúa los yacimientos griegos de Tesalia y el Peloponeso, en el sur de Grecia, ligeramente por debajo de los yacimientos neolíticos de Asia occidental. Grecia está situada en la encrucijada de las primeras migraciones humanas, y las pruebas más recientes apuntan a que fue el centro de las primeras culturas de la Edad de Piedra en Europa.

En la década de 1960, Eric Higgs, de la Universidad de Cambridge, inició una exploración arqueológica del Epiro, en el noroeste de Grecia. Encontró artefactos que demostraban la existencia de una civilización paleolítica con una ocupación continua durante largos periodos. En 1967, Thomas Jacobsen, de la Universidad de Indiana, empezó a excavar la cueva de Franchthi, con vistas al golfo Argólico, en el sur de Grecia. La cueva servía de refugio estacional a los cazadores del Paleolítico. El descubrimiento de obsidiana (una piedra volcánica de color negro) en la isla de Melos, en el mar Egeo, demostró que el pueblo disponía de tecnología marinera en la Edad de Piedra temprana.

Los artefactos mesolíticos de la cueva Franchthi mostraron una transición de la caza mayor a la pesca del atún y la recolección de plantas silvestres. Los habitantes del Neolítico de la zona de Franchthi tallaron figuras de personas y animales, y construyeron casas de piedra y terrazas para los cultivos. En 2015, unos submarinistas descubrieron una ciudad submarina en la playa de Lambayanna, a poca distancia de la cueva. Sus estratos más antiguos datan de la época de transición entre el Neolítico y la Edad de Bronce. La subida del nivel del mar sepultó la ciudad, que sobrevivió hasta bien entrada la Edad de Bronce, con muros de fortificación, altas torres y calzadas pavimentadas[2].

[2] Julien Beck, et al. "Searching for Neolithic Sites in the Bay of Kiladha, Greece", *Quaternary*

Los estudios genéticos indican que los griegos neolíticos que practicaban la agricultura procedían del oeste de Turquía y se extendieron desde Grecia por toda Europa[3]. Los primeros asentamientos neolíticos de Grecia no tenían cerámica, pero se dedicaban a la agricultura, la pesca y la cría de ganado vacuno, caprino, ovino y porcino. En la península Argólida y Tesalia vivían en poblados de hasta cien personas. Cultivaban cebada, lentejas, guisantes y trigo. Sus herramientas y armas eran de obsidiana y sílex. Aunque parece que navegaban a Milos por su afilado cristal de obsidiana volcánica, nadie vivió en la isla hasta el Neolítico tardío.

Hacia el 6000 a. e. c., los griegos neolíticos habían desarrollado la alfarería, que pintaban y cocían en hornos. Hacia el 5000 a. e. c., utilizaban cimientos de piedra para las casas, que tenían porches y varias habitaciones. Vivían en aldeas amuralladas de hasta trescientas personas. Aprendieron a tallar la piedra y el mármol, produciendo pequeñas figuras de mujeres de hombros anchos y caderas anchas, a veces con un bebé en brazos. Además de trigo, cultivaban centeno y avena, con los que hacían pan en hornos de barro. Tejían prendas con lana de oveja. Hacia el año 4000 a. e. c., su cerámica de arcilla presentaba llamativas decoraciones policromadas.

La primera cultura griega de la Edad de Bronce fue la minoica, que se asentó en Creta hacia el 3500 a. e. c. y posteriormente colonizó otras islas, como Rodas y Thera. Creta está situada en el Mediterráneo, casi a medio camino entre la Grecia continental y el norte de África. El arqueólogo sir Arthur Evans denominó a la civilización original de Creta «minoica» en honor a Minos, identificado por los historiadores antiguos como el primer rey de Creta. Según el mito griego, Minos era hijo del dios Zeus y de una madre humana, Europa, una princesa fenicia que vivía en el sur de Grecia. Zeus la raptó de Grecia, la llevó a Creta y la convirtió en su reina. Tuvieron tres hijos, siendo Minos el mayor.

Los fenicios eran un pueblo marinero con base en el Líbano. Sin embargo, comerciaban y establecieron colonias por todo el Mediterráneo, incluido el sur de Grecia. El mito de Minos puede reflejar la mezcla de los colonos fenicios y griegos de Creta. Las muestras de ADN indican que Creta fue colonizada por pueblos del Levante central (las actuales Siria,

International 584 (20 de mayo de 2021):129-40.
https://www.sciencedirect.com/science/article/pii/S1040618220308466#!
[3] Hofmanová, Zuzana, et al. "Early Farmers from across Europe Directly Descended from Neolithic Aegeans". *PNAS*. 113 (25) (6 de junio de 2016): 6886-6891. doi:10.1073/pnas.1523951113. ISSN 0027-8424. PMC 4922144. PMID 27274049.

Líbano e Israel) y, más tarde, por griegos micénicos[4].

El mito griego cuenta que Minos enfureció al dios del mar, Poseidón, cuando este le envió un magnífico toro blanco como la nieve para indicarle que estaba destinado a ser rey. En lugar de sacrificar el toro a Poseidón, Minos se lo guardó y sacrificó otro toro. Poseidón se vengó hechizando a la esposa de Minos, Pasifae, que quedó prendada del toro y mantuvo relaciones sexuales con él. Dio a luz a un monstruo: el Minotauro, mitad hombre y mitad toro, que devoraba a los humanos. Minos construyó un laberinto para contener a la horrible criatura, pero tuvo que encontrar gente para alimentarlo.

Después de que los atenienses mataran a su hijo, un enfurecido Minos navegó a Atenas para vengarlo. El padre de Minos, Zeus, castigó a la ciudad con enfermedades y hambre. Para escapar de la ira de Zeus, Minos ordenó a los atenienses que enviaran siete niños y siete niñas cada nueve años para alimentar al Minotauro. Atenas envió catorce niños al monstruo en dos ocasiones. El héroe Teseo acompañó a los niños la tercera vez. Atravesó el laberinto y mató al Minotauro.

Minos fue probablemente una persona real (menos el Minotauro). Gobernó alrededor del año 2000 a. e. c., cuando la cultura minoica dio un gran salto adelante. Antes de eso, los minoicos habían cultivado gradualmente una civilización en Creta durante 1.500 años. Desarrollaron centros comerciales y una jerarquía de clases en la isla. Alrededor del año 2000 a. e. c., de repente dieron un salto adelante y se convirtieron en una civilización compleja, estableciendo los primeros palacios y ciudades de Europa.

La transformación de la civilización minoica bien pudo deberse a un liderazgo visionario. Según el historiador Tucídides, Minos construyó la primera armada de Creta (probablemente la primera de cualquier lugar), lo que permitió a los minoicos convertirse en una gran potencia marítima en el Mediterráneo. Minos se apoderó con su flota del grupo de islas Cícladas, al norte de Creta. Luchó contra Atenas y dominó los mares Egeo y Mediterráneo. Los cretenses comerciaron con Egipto y Asia occidental, adoptando parte de su tecnología y técnicas artísticas.

---

[4] King, RJ, et al. "Differential Y-chromosome Anatolian Influences on the Greek and Cretan Neolithic". *Annals of Human Genetics*. 72 (Marzo 2008):205-14. doi: 10.1111/j.1469-1809.2007.00414.x. PMID: 18269686.

Esta sección restaurada revela el esplendor del palacio de Cnosos
cavorite https://www.flickr.com/photos/cavorite/, CC BY-SA 2.0
<https://creativecommons.org/licenses/by-sa/2.0>, vía Wikimedia Commons;
https://commons.wikimedia.org/wiki/File:Palace_of_Knossos.jpg

Los minoicos comenzaron a construir impresionantes palacios alrededor del año 2000 a. e. c. en las ciudades cretenses de Cnosos, Malia, Festo y Zakros. Los terremotos destruyeron los palacios originales, por lo que el pueblo los reconstruyó alrededor del 1700 a. e. c. Los palacios de cuatro pisos se alzaban sobre el paisaje. Tenían un patio central, enormes columnatas, deslumbrantes frescos decorando las paredes y bibliotecas de archivos que contenían las dos primeras lenguas escritas de Europa.

Los artesanos de los talleres palaciegos producían encantadoras figuritas y cerámica para comerciar con ellas por todo el Egeo y el Mediterráneo. Estos palacios servían como centros regionales de administración, religión y comercio para las granjas y ciudades circundantes. Desde los palacios partía una red de carreteras que comunicaba con las comunidades cercanas. Los palacios almacenaban grano, aceite y vino, quizá para el comercio o como provisiones de emergencia en caso de sequía u otros desastres.

Durante los primeros siglos, cada palacio era independiente de los demás. Tras la reconstrucción de los palacios hacia 1700 a. e. c., Cnosos alcanzó la supremacía sobre el resto de la isla. Los palacios no tenían muros de fortificación, lo que indica que las comunidades coexistían pacíficamente y no temían una invasión extranjera. Pero también tenían armaduras, arcos, flechas y espadas. Tal vez fuera para sus ataques navales fuera de la isla. Sin embargo, las torres de vigilancia en los caminos entre los palacios sugieren que los bandidos podrían haber sido un problema en las zonas remotas de la isla.

La civilización minoica era extraordinariamente avanzada. El pueblo creó una arquitectura asombrosa, obras de arte llenas de vida, acueductos, sistemas de alcantarillado y dispositivos para el tratamiento del agua. Los minoicos poseían los dos primeros sistemas de escritura de Europa (aún sin descifrar), que se encontraban en sellos y tablillas de arcilla. Su primer sistema de escritura, utilizado entre el 2100 y el 1700 a. e. c., fueron los jeroglíficos cretenses, que utilizaban imágenes estilizadas para representar palabras o sonidos. Egipto empezó a utilizar la escritura jeroglífica hacia el 3200 a. e. c., y los minoicos interactuaron y comerciaron con Egipto. Sin embargo, aunque superficialmente son similares, el sistema cretense era distinto. Egipto tenía más de ochocientos símbolos, mientras que los jeroglíficos cretenses solo contaban con 85 símbolos conocidos. Aunque aún no se ha descifrado, el escaso número de símbolos indica que el jeroglífico cretense era una escritura fonética, en la que cada símbolo representaba un sonido.

El segundo sistema de escritura fue el lineal A, que comenzó a utilizarse hacia 1800 a. e. c. Probablemente se trataba de un alfabeto fonético. Probablemente seguía el mismo sistema que los jeroglíficos cretenses, pero con gráficos simplificados. A diferencia de los jeroglíficos egipcios y los cuneiformes mesopotámicos, el alfabeto lineal A está posiblemente vinculado a la escritura protosinaítica, antecesora del alfabeto fenicio. Los arqueólogos han encontrado cientos de tablillas de arcilla inscritas con lineal A.

Los minoicos producían cerámica de gran calidad, como finos recipientes para beber y vibrantes cerámicas con diseños geométricos al principio y, más tarde, con flores y peces. Su arte representaba a los hombres con taparrabos y a las mujeres con largos vestidos. Las mujeres parecían ser socialmente iguales a los hombres. Las dinámicas obras de arte minoicas mostraban a hombres, mujeres, animales y criaturas marinas en acción.

Los edificios y las obras de arte minoicas sugieren que su culto religioso incluía fiestas, desfiles y ofrendas de comida y bebida a sus deidades. El toro era un elemento esencial de la cultura minoica. Los minoicos sacrificaban toros, y sus muros, joyas y estatuillas representaban a los toros más que a ningún otro animal. El arte minoico muestra la curiosa práctica del salto del toro, en la que un hombre agarraba a un toro por los cuernos y se lanzaba sobre su lomo.

Este fresco del palacio de Cnosos muestra a un hombre saltando sobre un toro
George Groutas, CC BY 2.0 <https://creativecommons.org/licenses/by/2.0>, vía Wikimedia Commons;
https://commons.wikimedia.org/wiki/File:Bull_leaping,_fresco_from_the_Great_Palace_at_Knossos,_Crete,_Heraklion_Archaeological_Museum.jpg

Una deidad importante era una diosa que sostenía dos serpientes y llevaba una falda larga y escalonada. También aparecen sacerdotisas con largas túnicas sacrificando toros y otras ofrendas. El culto se celebraba en palacios, cumbres y cuevas. Las excavaciones arqueológicas revelaron sacrificios humanos; en un caso, se produjo un terremoto mientras los minoicos estaban sacrificando a un adolescente, aplastando a los asesinos del chico[5]. Los minoicos de Cnosos practicaban el sacrificio de niños y el canibalismo, lo que puede haber dado origen al mito del sacrificio de niños al Minotauro[6].

La sociedad minoica se derrumbó violentamente debido a una combinación de desastres naturales e invasiones. El terremoto de 1700 a. e. c. destruyó la mayor parte de los centros urbanos de Creta, aunque los cretenses pudieron recuperarse y reconstruir. Pero aproximadamente un

---

[5] Rodney Castleden, *The Knossos Labyrinth: A New View of the 'Palace of Minos' at Knossos* (London: Routledge, 2012), 121-22.
[6] Peter Warren, "Knossos: New Excavations and Discoveries", *Archaeology* 37, no. 4 (1984): 48–55. http://www.jstor.org/stable/41731580.

siglo después, un volcán de la isla de Thera entró en erupción de forma catastrófica. La magnitud IEV-7 de la monstruosa erupción minoica fue como la explosión de múltiples bombas atómicas. Envió diez millones de toneladas de roca, ceniza y gas a veinte millas de altura, penetrando en la estratosfera.

Doscientos pies de ceniza y piedra pómez sepultaron a quienes no habían escapado de Thera. El volcán y los terremotos que lo acompañaron provocaron un desastroso tsunami que sumergió la costa norte de Creta, destruyendo sus puertos y muchas de sus ciudades. Algunos minoicos de Creta sobrevivieron al tsunami y a los terremotos, y su civilización continuó hasta el 1100 a. e. c., aunque muy debilitada y vulnerable.

Mientras tanto, los micénicos prosperaban en el sur de Grecia continental. Los minoicos habían perdido muchos puertos y centros administrativos, por lo que no podían mantener su soberanía sobre el Mediterráneo. Los micénicos llenaron el vacío en torno al año 1450 a. e. c. y sustituyeron los asentamientos minoicos por sus propios puestos comerciales. Al parecer, también invadieron Creta hacia 1420 a. e. c., quemando todos los palacios que quedaban, excepto el de Cnosos, que los micénicos renovaron. Los hallazgos arqueológicos revelan una presencia micénica que coexistió con los minoicos en Creta hasta el colapso de la Edad del Bronce.

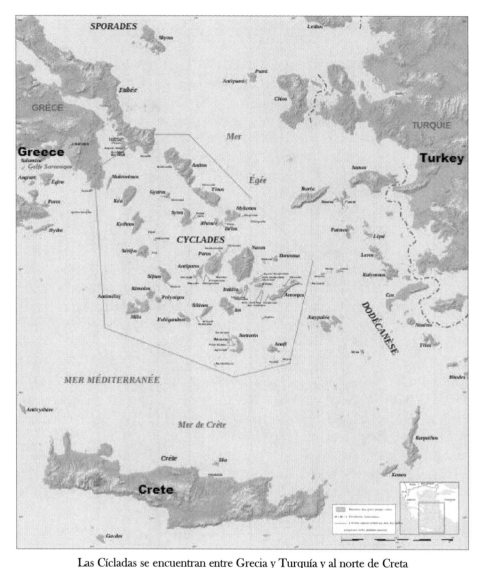

Las Cícladas se encuentran entre Grecia y Turquía y al norte de Creta

La civilización de las Cícladas surgió alrededor del año 3200 a. e. c. Eran pueblos marineros de las Cícladas, en el mar Egeo. La palabra «Cícladas» significa «islas circundantes». Este grupo de islas forma un círculo alrededor de la isla sagrada de Delos. Delos era un centro de culto y más tarde se convirtió en el lugar de nacimiento mítico de las deidades griegas Artemisa y Apolo. La civilización cicládica y la minoica existieron en la misma época. Estaban muy cerca la una de la otra e interactuaban.

Los minoicos colonizaron parte del sur de las Cícladas.

Los cicládicos eran pescadores, agricultores y pastores. Sus pequeñas embarcaciones estaban expuestas a fuertes tormentas invernales, por lo que pescaban atún con arpón sobre todo en verano, que era también cuando los peces se acercaban más a la costa. A finales de la Edad del Bronce, construyeron barcos más grandes y fuertes, propulsados por cincuenta remeros, que permitían expediciones a alta mar para pescar o comerciar. Hoy, muchas de las islas están escasamente pobladas, y quince de ellas están deshabitadas. Pero antes de la deforestación y el pastoreo excesivo, las islas sustentaban una próspera población. La gente cultivaba cebada, vides y olivos en terrazas que ascendían por las montañas y colinas.

Algunas islas, como Milos, eran volcánicas. De ellos se extraía el afiladísimo vidrio negro de obsidiana, muy apreciado para fabricar herramientas y armas. Otros recursos minerales que enriquecían las islas eran el cobre, el oro, el hierro, el mármol y la plata. Con un excedente de recursos, los cicládicos navegaban de una isla a otra, comerciando con mercancías y exportándolas a la Grecia continental.

Los arqueólogos creen que Mykonos, Antíparos y Sáliagos fueron las primeras islas colonizadas a finales del Neolítico. Las ruinas neolíticas de Sáliagos revelaron restos de viviendas de piedra y un edificio más grande de unos 15 por 15 metros de diámetro. Fragmentos de cerámica sencilla estaban pintados con pintura blanca siguiendo patrones geométricos. Los artesanos de Sáliagos formaban puntas de lanza y puntas de flecha de obsidiana de forma triangular estrecha o en forma de hoja. Estas características piezas de obsidiana se encontraron en todos los asentamientos neolíticos de Grecia, lo que sugiere un intenso comercio entre las Cícladas y el continente.

Las figurillas de mármol, generalmente femeninas, se convirtieron en un sello distintivo de la cultura cicládica. Por lo general, medían unos 30 cm de alto, pero algunas eran casi de tamaño natural. Algunas tenían forma de violín, con cabezas y cuellos anormalmente largos y, a veces, sin piernas. A menudo no tenían más rasgos faciales que la nariz, aunque los ojos y la boca podían estar pintados. Suelen desenterrarse de las tumbas de hombres y mujeres. Los investigadores debaten si tenían un significado religioso.

Esta estatuilla de mármol procede de la isla de Naxos, hacia el año 3000 a. e. c.
Ampliada. Crédito: Zde, CC BY-SA 3.0 <*https://creativecommons.org/licenses/by-sa/3.0*>, *vía Wikimedia Commons;*
https://commons.wikimedia.org/wiki/File:Cycladic_figurine_female,_3200%E2%80%932800_BC,_AshmoleanM._AN_1946.118,_142402.jpg

Los arqueólogos han encontrado cuarenta tumbas en la isla de Kea. Las tumbas de adultos tenían criptas amuralladas, cada una de las cuales albergaba de uno a trece adultos. Los niños y los bebés se enterraban en frascos o ataúdes de piedra. También se encontraron criptas y ataúdes de piedra en las islas de Amorgos y Siros. Este estilo de enterramiento era mucho más avanzado que el de la Grecia continental en la misma época, lo que implica una cultura distinta en las Cícladas[7]. Un curioso hallazgo arqueológico en algunas tumbas de las Cícladas son cientos de «sartenes»: objetos planos y redondos de cerámica decorada o piedra con un mango. Su finalidad sigue siendo un misterio.

---

[7] John E. Coleman, "The Chronology and Interconnections of the Cycladic Islands in the Neolithic Period and the Early Bronze Age", *American Journal of Archaeology* 78, no. 4 (1974): 333–44. https://doi.org/10.2307/502747.

Este «sartén» de las Cícladas data del 2700 a. e. c. aproximadamente

Cuando la civilización minoica de Creta adquirió importancia alrededor del año 2000 a. e. c., su sofisticada cultura eclipsó a la civilización cicládica. Los minoicos colonizaron parte del sur de las Cícladas, y las pruebas demuestran que Creta y las Cícladas compartían una misma cultura. El tsunami y los terremotos que acompañaron a la apocalíptica erupción minoica en el sur de las Cícladas probablemente habrían aniquilado la mayor parte de la vida en las islas cercanas. Sin embargo, la cultura de las Cícladas sobrevivió durante varios siglos hasta su colapso en torno al año 1050 a. e. c. La cultura minoica ya se había desintegrado, seguida de la micénica, mientras Grecia caía en una Edad Oscura que duró siglos.

Capítulo 2: Los micénicos y la Edad Oscura

—¡Hermano mío! ¿Has olvidado tu juramento?

El rey Menelao de Esparta caminaba de un lado a otro. Paris había raptado a su esposa Helena y se la había llevado a Troya. Necesitaba que su hermano, el rey Agamenón de Micenas, lo ayudara a recuperarla.

—Sí, Menelao, recuerdo que todos prometimos al padre de Helena defender su matrimonio con quien él eligiera. Pero estoy pensando en lo que se necesita para atacar Troya. Es una ciudad poderosa, y seguramente perderemos innumerables hombres si vamos a la guerra. Necesitamos reunir tantos aliados como sea posible si esperamos ganar. Y si logramos la victoria, nos traerá el control de los Dardanelos. Grecia cosechará gran poder y riqueza si tenemos libre acceso a los estrechos y al mar Negro.

La prolongada y devastadora guerra de Troya, que en su día se creyó un mito, ha encontrado recientemente apoyo arqueológico. Los «aqueos de pelo largo», como Homero llamaba a los micénicos, tenían como objetivo controlar las rutas comerciales del Mediterráneo, el Egeo y el mar Negro. Aplastaron voluntariamente a sus rivales, pero al final se excedieron y acabaron con su propia civilización.

¿De dónde procedían los micénicos? Los análisis genéticos indican que tanto ellos como los minoicos descendían de los antiguos pastores esteparios de las actuales Turquía, Armenia e Irán. Sin embargo, a diferencia de los minoicos, el ADN micénico estaba vinculado en una cuarta parte a Siberia y el noreste de Europa[8]. A mediados de la Edad de Bronce, estos pueblos indoeuropeos invadieron el centro y el sur de Grecia, estableciendo la civilización micénica. Esta civilización prosperó entre 1750 y 1050 a. e. c. y elevó la región a nuevas cotas de arquitectura, ingeniería y pericia militar.

¿Cómo se convirtieron los micénicos en una gran potencia dentro y fuera de Grecia? Al asimilar la cultura y los conocimientos de los minoicos, los micénicos desarrollaron una civilización brillantemente avanzada. Los militantes micénicos conquistaron Grecia y Creta y se enriquecieron gracias al comercio con las Cícladas, Chipre, Egipto y Fenicia. Sus ingeniosos ingenieros construyeron estupendas fortalezas, sistemas de agua y alcantarillado y puentes. Las civilizaciones griegas posteriores los inmortalizaron con mitos de sus hazañas y relatos de héroes como Aquiles y Odiseo.

El centro de la civilización micénica fue la ciudad de Micenas, en el sur de la península griega del Peloponeso. Micenas estaba cerca de Atenas y Corinto, en una colina elevada, justo tierra adentro del golfo Sarónico. Sus muros defensivos de piedra caliza tienen casi seis metros de grosor y se construyeron sin argamasa. Sus piedras son tan grandes que, según la leyenda, las construyó el cíclope de un solo ojo. Algunos de los muros siguen en pie más de tres mil años después. El megaron de Micenas (la gran sala que contenía el salón del trono) estaba sostenido por cuatro columnas con una plataforma elevada para el rey.

---

[8] I. Lazaridis, et al. "Genetic Origins of the Minoans and Mycenaeans". *Nature* 548 (10 de agosto de 2017): 214-18. doi: 10.1038/nature23310. Epub 2017 Aug 2. PMID: 28783727; PMCID: PMC5565772.

La Puerta de los Leones sigue en pie más de tres mil años después
William Neuheisel de D. C., EE. UU., CC BY 2.0 <https://creativecommons.org/licenses/by/2.0>,
vía Wikimedia Commons;
https://commons.wikimedia.org/wiki/File:Lions_Gate_at_Mycenae_(5228010382).jpg

La Puerta de los Leones tiene rocas rectangulares de tres metros de altura a cada lado de la entrada que sostienen un dintel de veinte toneladas. Sobre el dintel hay una talla de dos leones. Se construyó hacia el año 1250 a. e. c. y es una asombrosa obra de ingeniería. Se parece a la puerta de la ciudad hitita de Hattusa; sin embargo, la puerta y los muros de Micenas son más refinados, con rocas que encajan mejor. ¿Cómo se elevó ese gigantesco dintel para apoyarse en las jambas laterales? Algunos teorizan que las estructuras megalíticas como esta implicaban la construcción de una rampa de tierra temporal hasta la cima, arrastrando el enorme dintel por la rampa, tal vez sobre rodillos, colocándolo en su lugar, y luego retirando la rampa. Debió de requerir mucha mano de obra. No es de extrañar que los griegos pensaran que lo construyeron los cíclopes.

Los micénicos construían sus palacios dentro de una ciudadela fortificada llamada acrópolis, que solía estar situada en lo alto de una colina. Los griegos arcaicos y clásicos siguieron situando sus palacios y templos en una acrópolis en lo alto de una colina. El resto de la ciudad se extendía por debajo, con la majestuosa zona de palacios y templos en lo alto, rodeada de enormes murallas. La ubicación en lo alto proporcionaba una doble protección: los guardias podían vigilar toda la zona circundante y era más fácil defenderse de los ataques. En caso de ataque, los ciudadanos se apresurarían a subir la colina para refugiarse dentro de las murallas.

Aunque más humilde, Tirinto era más antigua que Micenas, según la mitología griega y las pruebas arqueológicas. Con vistas al golfo Argólico, se encontraba a quince kilómetros al sur de Micenas y servía de importante puerto. Los micénicos construyeron su ciudadela hacia 1600 a. e. c. y su primer palacio poco más de dos siglos después. Un terremoto destruyó el palacio en 1200 a. e. c.; sin embargo, la ciudad siguió creciendo hasta alcanzar una población de quince mil habitantes en 1050 a. e. c. Fue una de las pocas ciudades griegas que sobrevivió a la Edad Oscura.

La estructura palaciega micénica mejor conservada es el palacio de Néstor en Pilos, que Homero menciona en la *Ilíada* y la *Odisea*. Situada en la costa suroeste de la península del Peloponeso, su primer asentamiento puede remontarse al año 2000 a. e. c. La construcción a gran escala de la ciudad comenzó en 1600 a. e. c.; sin embargo, el palacio y otras estructuras de la acrópolis de Pilos ardieron en 1400 a. e. c. El palacio se reconstruyó y permaneció en pie durante dos siglos más, hasta que volvió a arder en 1180.

Las paredes del palacio estaban decoradas con coloridos frescos, algunos de los cuales aún se conservan. Las tablillas de arcilla contenían la colección de escritura lineal B micénica más extensa de Grecia continental. Una vez descifradas, estas tablillas proporcionaron valiosa información sobre la cultura y el sistema político micénicos. Otros importantes centros micénicos con palacios eran Atenas, Esparta y Tebas, aunque más de cien pueblos y ciudades salpicaban el paisaje griego.

Este vívido fresco de una paloma y un tañedor de lira decoraba la pared del palacio de Pilos
Leporello78, CC BY-SA 4.0 <https://creativecommons.org/licenses/by-sa/4.0>, vía Wikimedia Commons; https://commons.wikimedia.org/wiki/File:Lyre_Player_and_Bird_Fresco_from_Pylos_Throne_Room.jpg

Los grandes centros micénicos actuaban como cabeza política de los estados, con un rey (*anax*) que gobernaba desde el palacio y controlaba las industrias de la región. Cada estado estaba dividido en distritos y contaba con una ciudad o pueblo central, que también tenía un palacio o fortaleza. Tirinto fue probablemente una de esas «ciudades de distrito» bajo Micenas. Todos los estados formaban una confederación sujeta a un «gran rey», que probablemente gobernaba desde Micenas[9].

El *anax* también ejercía de juez y comandante militar. Los reyes procedían de la aristocracia guerrera y terrateniente. Un consejo de ancianos asesoraba al rey, sistema que continuó en las épocas arcaica y clásica. Los micénicos tenían tres clases sociales básicas: la aristocracia

---

[9] Jorrit M. Kelder, *The Kingdom of Mycenae: A Great Kingdom in the Late Bronze Age Aegean* (Bethesda: CDL Press, 2010), 45, 86, 106-7.

militar, el pueblo llano (agricultores, artesanos, comerciantes, etc.) y los esclavos que servían en el palacio y los templos.

La economía micénica giraba en torno al comercio. Sus barcos llegaban hasta España en el oeste y hasta el mar Negro en el este. La derrota de Troya supuso el control de los Dardanelos, que conectaban los mares Egeo y Negro. Los micénicos establecieron colonias en el Mediterráneo y el mar Egeo para apoyar sus redes comerciales. Exportaban aceitunas, aceite de oliva, pasas, cerámica, tejidos de lino y lana, y vino. También importaban cobre, estaño y artículos de lujo.

El arte micénico reflejaba las influencias minoicas, pero los micénicos le imprimieron su propio sello. Trabajaban con piezas más grandes que los minoicos, utilizaban nuevos materiales y estilos novedosos, como la imaginería abstracta. Eran conocidos por su vistosa cerámica y sus frescos centrados en temas de guerra, religión, caza y naturaleza, sobre todo marina. Los talleres palaciegos producían artículos de vidrio, gemas finamente talladas y jarrones de metales preciosos.

Los micénicos desarrollaron la escritura lineal A de los minoicos y la convirtieron en lineal B. Utilizaban una forma similar a la lineal A, aunque incluyeron algunos signos nuevos. La diferencia significativa era que los dos sistemas de escritura representaban lenguas diferentes. La lengua minoica se extinguió hace más de dos milenios y aún no sabemos qué tipo de lengua era. Cuando los arqueólogos empezaron a desenterrar todas las tablillas de arcilla de Pilos, nadie podía leer la lineal B, pero en 1952, Michael Ventris descifró el código.

Ventris era arquitecto, pero había desarrollado un gran interés por el lineal B cuando era adolescente. De adulto, siguió intentando descifrar el lenguaje. Observando patrones, determinó que el lineal B tenía 89 caracteres. Esto significaba que se trataba principalmente de una escritura fonética, con signos que representaban sonidos en lugar de palabras completas, aunque también tenía más de cien ideogramas no fonéticos. Ventris acabó dándose cuenta de que la lengua micénica era una forma antigua del griego.

Cuando los micénicos empezaron a construir palacios, también edificaron santuarios cerca o dentro de las ciudadelas. Los centros administrativos también actuaban como centros religiosos. Las estructuras palaciegas de Piros y Micenas contenían altares en su patio o pórtico. Al igual que los minoicos, los micénicos sacrificaban toros en sus celebraciones religiosas y derramaban agua en libación. El templo de

Micenas contenía múltiples figuras de lo que parecen ser adoradores y divinidades, junto con quince serpientes de arcilla.

Los frescos del templo muestran a varias mujeres que eran diosas o sacerdotisas. Las tablillas de arcilla lineales B enumeran sacrificios de grano, miel, aceite perfumado y especias. Los micénicos eran politeístas y adoraban a algunos de los mismos dioses que los griegos clásicos posteriores, como Zeus (llamado Diktaios en Creta), Ares (A-re), Artemisa (A-te-mi-to), Dioniso (Di-wo-nu-so), Hera (E-ra), Hermes (E-ma) y su deidad principal, Poseidón (Po-se-da-o). Tenían una poderosa deidad femenina llamada Potnia (amante), posiblemente el equivalente de Atenea, y versiones femeninas de Zeus y Poseidón (Diwia y Posidaia), que no fueron veneradas en épocas griegas posteriores[10].

Al igual que la civilización cicládica y los minoicos, los micénicos solían enterrar a sus muertos en ataúdes, pero en lugar de hacerlos de piedra, solían hacerlos de arcilla decorada. Las tumbas de pozo en círculo se encuentran justo delante de la Puerta de los Leones, en el palacio de Néstor; allí se enterraba a los aristócratas de Pilos. Las tumbas de pozo micénicas tenían hasta tres metros de profundidad. Tenían forma rectangular, suelo de guijarros y paredes de mampostería. Un techo de tablas de madera cubría cada tumba. Encima había un túmulo de tierra y una estela o lápida. Cada tumba de pozo albergaba de dos a cinco cuerpos. Con los ocupantes se enterraban joyas de oro, copas y máscaras mortuorias, mientras que a los guerreros se les enterraba con sus armas. Tras buscar pistas en los escritos de Homero y del geógrafo griego del siglo II e. c. Pausanias, el arqueólogo aficionado Heinrich Schliemann descubrió las tumbas de pozo en 1876.

---

[10] Susan Lupack, "Mycenaean Religion", in *The Oxford Handbook of the Bronze Age Aegean*, ed. Eric H. Cline, (2012). 10.1093/oxfordhb/9780199873609.013.0020.

Los micénicos colocaban máscaras mortuorias sobre los rostros de las personas importantes. Esta máscara encontrada por Schliemann en Micenas data del año 1550 a. e. c. aproximadamente
Museo Arqueológico Nacional de Atenas, CC BY 2.0

En la *Ilíada,* Homero cuenta que el rey Agamenón de Micenas dirigió una coalición de fuerzas griegas a través del mar Egeo hacia la ciudad de Troya. La supuesta razón de la invasión era recuperar a la esposa de Menelao, Helena, del príncipe Paris. Sin embargo, la posibilidad de controlar el paso del Egeo al mar Negro permitió sin duda a Agamenón reclutar aliados griegos. Tras diez años de guerra, los micénicos finalmente dominaron e incendiaron Troya entrando a través del Caballo de Troya. El rey Menelao recuperó a Helena y los héroes griegos volvieron a casa.

La mayoría de los historiadores descartaron la guerra de Troya por considerarla un mito, pero los antiguos griegos creían que se trataba de un acontecimiento histórico real ocurrido alrededor del año 1200 a. e. c. Decían que Troya estaba en la actual Turquía noroccidental, a la entrada de los Dardanelos. En 1870, Heinrich Schliemann, el mismo arqueólogo aficionado que más tarde descubrió las tumbas de Pilos, viajó a Turquía. Se reunió con Charles Maclaren y Frank Calvert, que creían que una colina baja en una llanura podía ser la antigua Troya. Schliemann excavó una profunda zanja desde el centro de la colina hasta la base, revelando múltiples capas de civilización.

Homero dijo que un nombre alternativo para Troya era el nombre hitita Wilusa. Dijo que el príncipe Paris también se llamaba Alaksandu. Los registros hititas dicen que Wilusa era parte del Imperio hitita. Se enriqueció gracias a su ubicación estratégica para el comercio marítimo entre los mares Negro y Egeo. Los documentos hititas dicen que Wilusa luchó contra los «Ahhiyawa» y mencionan a Alaksandu. Muchos investigadores creen que los Ahhiyawa eran los griegos micénicos.

La excavación de Schliemann reveló nueve capas de una ciudad poderosa y rica, la más antigua de las cuales databa del año 3000 a. e. c. Encontró una capa que databa de 1300 a 1180 a. e. c., con una ciudadela abovedada y otras estructuras que coincidían con la descripción de Troya hecha por Homero. Esta capa tenía pruebas de un repentino final catastrófico hacia 1180 a. e. c.: aproximadamente cuando los antiguos historiadores griegos dijeron que Troya cayó.

Aunque las pruebas no son totalmente concluyentes, los micénicos podrían haber destruido Troya hacia 1180 a. e. c. Pero más o menos en esa misma época, su civilización se sumió en el caos. La *Odisea* de Homero ofrece algunas pistas sobre su colapso. Si la guerra de Troya hubiera ocurrido realmente, los reyes griegos y otros líderes clave habrían estado fuera de sus reinos durante una década. Cuando finalmente regresaron, probablemente se encontraron con estados desestabilizados que sufrían una falta de liderazgo.

Con muchos de los guerreros ausentes, las ciudades eran vulnerables a los ataques. Es posible que los reyes tuvieran que reafirmar sus posiciones con quien ejerciera de regente en su ausencia. La esposa del rey Agamenón tuvo un amante en su ausencia, y cuando él regresó a casa, ella y su amante lo asesinaron. Entonces, su hijo la mató a ella y a su amante para vengar la muerte de Agamenón. Griegos y troyanos sufrieron terribles pérdidas en la guerra. Muchas ciudades griegas perdieron a sus reyes e innumerables guerreros. Las vidas perdidas, la fortuna gastada en la guerra y la desestabilización que causó en Grecia podrían haber llevado a la implosión de la civilización micénica.

Pero los micénicos no fueron la única civilización que se disolvió alrededor del año 1200 a. e. c. Entre 1200 y 900 a. e. c., el colapso de la Edad de Bronce fue testigo de la caída cataclísmica de numerosas culturas en las regiones del Mediterráneo oriental: Oriente Próximo, norte de África y península de los Balcanes. Las catástrofes medioambientales, como sequías y terremotos, debilitaron las sociedades de la región. Los misteriosos merodeadores «pueblos del mar» causaron estragos en las ciudades costeras, desde Egipto hasta Turquía. Destrozaron el comercio naval, cortando la cadena de suministro del Mediterráneo y provocando el colapso del sistema.

La mayoría de las ciudades micénicas yacían en cenizas, desmoronándose en el olvido después de que un poder destructor aplastara sus majestuosos palacios. Las civilizaciones minoica y cicládica también se derrumbaron. El apocalipsis fue tan abrupto y total que los supervivientes griegos perdieron sus lenguas escritas, incluso en las pocas ciudades o pueblos que no fueron demolidos. Los arqueólogos no han encontrado pruebas de escritura durante tres siglos en Grecia.

¿Podrían haber sido los pueblos del mar los griegos dorios? Según la leyenda griega, habían sido exiliados de Grecia en tiempos de Heracles, pero regresaron del norte y se apoderaron de la península del Peloponeso, en el sur de Grecia. La lengua griega tenía varios dialectos, y esto parece explicar por qué. Sin embargo, aún no hay pruebas arqueológicas definitivas que apoyen una invasión doria. Las ciudades fueron incendiadas, pero no se construyeron otras nuevas. Nada innovador ocurrió en Grecia hasta alrededor del año 1000 a. e. c., cuando apareció lentamente la fundición del hierro.

La causa de la Edad Oscura griega sigue siendo un misterio. Quizá fue una revuelta interna masiva o una pandemia. Grandes sectores de la población murieron de repente, la refinada civilización griega se disolvió y su economía se hundió. Todos los avances de las civilizaciones minoica y micénica se invirtieron. La reducida población siguió cultivando, pescando y pastoreando, pero solo para alimentarse en sus pequeñas y empobrecidas comunidades. La sombría Edad Oscura griega se prolongó durante más de trescientos años.

Grecia empezó a resurgir lentamente de las cenizas de su sociedad destrozada alrededor del año 800 a. e. c. Esta renovación cultural se basaba en el pasado micénico, pero era mucho más simple. Las escenas fluidas y realistas de la cerámica micénica dieron paso a escenas abstractas y motivos geométricos. La población comenzó a crecer de nuevo, construyendo nuevas ciudades o reconstruyendo las antiguas y erigiendo templos. El comercio se reactivó y su economía empezó a crecer.

Un avance tecnológico que marcó la Edad Oscura fue la fundición del hierro para fabricar herramientas y armas, que supuso la transición de Grecia de la Edad del Bronce a la Primera Edad del Hierro. En la Edad del Bronce, Egipto y Mesopotamia producían pequeñas cantidades de utensilios de hierro martilleando meteoritos, que son aleaciones de hierro y níquel. No requerían fundición, pero obviamente no había muchos meteoritos disponibles.

La fundición del hierro apareció en Anatolia (Turquía) en la Edad de Bronce. Grecia parecía estar a punto de utilizar esta tecnología justo antes de la Edad Oscura, ya que los arqueólogos han encontrado varias herramientas o armas de hierro que datan de entre el 1300 y el 1200 a. e. c. El número de utensilios de hierro aumentó significativamente en torno al año 1000 a. e. c., lo que indica que los griegos dominaban la fundición del hierro en hornos de alta temperatura.

Los griegos empezaron a escribir de nuevo hacia el 770 a. e. c., pero no con el alfabeto lineal A o B. Esta vez utilizaron el alfabeto semítico fenicio como guía, pero incluyeron las vocales y lo adaptaron al griego hablado, que tenía sonidos diferentes. Más de la mitad de las letras del alfabeto griego antiguo se encuentran en los alfabetos actuales de Europa occidental, incluido el inglés. Una vez que los griegos volvieron a tener un sistema de escritura, empezaron a utilizarlo en aplicaciones mucho más amplias que en el pasado. La escritura lineal B se utilizaba principalmente para llevar registros, pero el nuevo alfabeto griego se empleó para escribir la *Ilíada* y la *Odisea*. El nuevo alfabeto marcó la transición al periodo arcaico, con su poesía épica y su brillante y próspera civilización.

SEGUNDA PARTE:
De los años arcaicos a la conquista romana (750-146 a. e. c.)

Capítulo 3: Los años arcaicos

—¡Señor! ¡Se lo ruego! No navegue con su armada hacia la bahía de Eleusis. Estaremos en desventaja en los estrechos de Salamina. Las mejores maniobras navales de los griegos son en cursos de agua estrechos.

La reina Artemisia de Halicarnaso era una de las comandantes navales del rey Jerjes I. Había conducido su fuerza persa de un millón de hombres a Grecia sin resistencia de los estados del norte y del centro. Pero el sur de Grecia, liderado por Atenas, Esparta y Corinto, opuso gran resistencia.

—Artemisia, ¡los tenemos atrapados! Si tomamos Salamina, podemos acabar con los atenienses. Están luchando entre ellos en este momento. Están desmoralizados. ¡Será una victoria fácil!

Jerjes subió al monte Egaleo para tener la mejor vista de su victoria anticipada. Solo unos pocos barcos corintios flotaban en la bahía. No podía ver las trescientas trirremes griegas escondidas en las calas de la isla Georgios. Su autoconfianza se transformó en horror al ver cómo se desarrollaba la debacle. Cuando sus barcos persiguieron a las naves corintias hasta el estrecho, las trirremes griegas avanzaron tras ellos, atrapando a los persas en los estrechos confines. Una y otra vez, embistieron a las naves persas hasta que barcos que se hundían y cuerpos flotantes obstruyeron el agua.

La épica victoria griega contra las enormes fuerzas persas en el 480 a. e. c. fue el momento decisivo de las guerras greco-persas. A partir de ese momento, los griegos fueron los agresores y los persas los defensores. También marcó el final de la era arcaica, que comenzó con los primeros

Juegos Olímpicos en 776 a. e. c. Como el legendario ave fénix, Grecia resurgió de la Edad Oscura, más resistente y resplandeciente que nunca. La época arcaica de Grecia fue un despliegue de poesía encantadora, filosofía novedosa, arquitectura y esculturas fascinantes, así como avances sensacionales en ingeniería, matemáticas y ciencia.

Los velocistas olímpicos griegos en un frasco ánfora del siglo VI a. e. c., con las letras griegas recién introducidas sobre los corredores
RickyBennison, CC0, vía Wikimedia Commons;
https://commons.wikimedia.org/wiki/File:Panathenaic_Amphora_Sprinters.jpg

La ciudad de Olimpia, en el Peloponeso, acogió los primeros Juegos Olímpicos como un festival para Zeus, que se convirtió en una tradición cada cuatro años. Aunque las ciudades-estado griegas luchaban a menudo entre sí, establecían una tregua durante las Olimpiadas, garantizando la seguridad en los juegos y en los desplazamientos hacia y desde las competiciones. Atletas de una docena de ciudades acudieron a las primeras Olimpiadas para participar en carreras pedestres. A finales de la era arcaica, los atletas procedían de cien ciudades de Grecia y sus colonias, que se extendían desde el mar Negro hasta el Mediterráneo occidental. Para entonces, las competiciones incluían carreras de cuadrigas, lanzamientos de disco y jabalina, salto largo y artes militares.

La antigua Grecia nunca fue un país unido como lo es hoy. Más bien era un conjunto de ciudades-estado independientes llamadas *poleis* (*polis* en singular) en la Grecia continental y colonias alrededor de los mares Egeo, Negro y Mediterráneo. Una ciudad-estado constaba de una ciudad principal con sus tierras de cultivo, aldeas y pueblos circundantes. Hacia el final de la era arcaica, cuando algunas ciudades adoptaron la democracia, la palabra *polis* designaba a los ciudadanos de una ciudad-estado.

Las ciudades-estado eran políticamente independientes de las demás, con diversas estructuras políticas. Algunas tenían reyes, normalmente con un consejo asesor. Esparta tuvo dos reyes. Algunas ciudades-estado estaban gobernadas por un pequeño grupo de aristócratas denominado oligarquía. En Corinto, los hombres de su oligarquía eran todos de la misma familia. Más tarde, los tiranos gobernaron Corinto y otras ciudades. Atenas pasó por toda la gama durante la época arcaica: monarquía, oligarquía, tiranía y democracia.

Cada polis era como un pequeño país independiente de los demás, aunque unían sus fuerzas contra un enemigo común. A menudo, el enemigo común era otra ciudad-estado griega. Las ciudades más poderosas y renombradas de la época arcaica eran Esparta, Atenas, Tebas, Corinto, Argos, Eretria y Elis. Compartían una lengua común, aunque con dialectos diferentes. También compartían la misma religión politeísta, con Zeus como dios principal. Cada ciudad-estado tenía una deidad patrona. Poseidón era el patrón de Corinto, Dioniso era el divino patrón de Tebas y Hera, la esposa de Zeus, era la diosa principal de Argos.

Durante toda la época arcaica, Atenas y Esparta fueron archirrivales. Ambas se encontraban en el sur de Grecia, a solo unos 240 kilómetros de distancia, pero eran polos opuestos en su filosofía, política, estilo de vida y estructura social. Los espartanos eran conocidos por su rígida disciplina y su resistencia al cambio. Los atenienses eran progresistas y nada les gustaba más que debatir las últimas filosofías e ideas.

Los dos reyes de Esparta gobernaban con un consejo de ancianos que se habían retirado del servicio militar a los sesenta años. El estilo de vida de Esparta giraba en torno al ejército. Todos los espartanos sanos de entre veinte y sesenta años servían en el ejército. Aunque los hombres se casaban alrededor de los veinte años, vivían en los barracones hasta los treinta, haciendo visitas nocturnas clandestinas a sus esposas. Con sus maridos ausentes durante tanto tiempo, las mujeres espartanas, independientes, se ocupaban de los negocios, vestían faldas cortas y aprendían habilidades marciales.

Mientras el resto de Grecia despertaba de la Edad Oscura, Esparta estaba sumida en la anarquía. Finalmente, los espartanos salieron adelante con una serie de reformas que diferenciaron su sociedad del resto de Grecia. Como todos los hombres servían en el ejército a tiempo completo, necesitaban a alguien que trabajara los campos, así que conquistaron las regiones vecinas de Mesenia y Laconia. Obligaron a estas personas a convertirse en ilotas o siervos. Los ilotas cuidaban los campos. Con todos los hombres espartanos liberados para servir a tiempo completo en el ejército, Esparta se convirtió en la potencia militar más formidable de Grecia a finales de la era arcaica.

Atenas había sido un importante centro micénico, una de las pocas ciudades griegas que sobrevivieron a la Edad Oscura. Su ubicación ideal para el comercio marítimo permitió a Atenas prosperar hacia el final de la Edad Oscura, ayudando a sacar al resto de Grecia de la inercia. Atenas se hizo con el control de la mayor parte de la península del Ática, en el sur de Grecia, convirtiéndola en una inmensa ciudad-estado. Era el estado más rico y fuerte de principios del periodo arcaico.

Mientras que Esparta mantuvo la misma estructura política y social durante todo el periodo arcaico, Atenas experimentó una serie de cambios. Había sido una monarquía con un consejo en su época micénica y a principios de la era arcaica. Después, pasó a un sistema de tres magistrados principales llamados arcontes que dirigían la ciudad-estado. La *ecclesia* (asamblea de ciudadanos varones) los elegía de entre la élite, al principio de por vida, luego por periodos de diez años y finalmente por un año. Un arconte dirigía el ejército, otro las funciones religiosas y el tercero, el magistrado principal, era el líder administrativo que ostentaba la mayor parte del poder. Otros seis arcontes, llamados *thesmotetai*, ejercían de jueces.

Hacia el 621 a. e. c., los atenienses estaban cada vez más descontentos con sus leyes no escritas, que generaban confusión y explotación. Pidieron a Draco, el primer legislador ateniense, que escribiera un código legal. Pero las leyes de Draco eran ridículamente duras, e imponían la pena de muerte por infracciones menores. En el lado positivo, todos los atenienses, ya fueran aristócratas o trabajadores, tenían los mismos derechos bajo el sistema legal de Draco.

Veintisiete años después, los atenienses pidieron a su magistrado principal, Solón, que redactara una constitución. Reescribió las leyes de Draco y reestructuró el sistema político para que los varones de todas las clases tuvieran derecho a voto. En su sistema, Atenas tenía cuatro clases, y cada clase tenía cien hombres nombrados para el consejo de cuatrocientos hombres (llamado *boule*). No todos los ciudadanos podían votar, pero cien votantes representaban por igual a cada estrato de la sociedad. Fue un paso de gigante hacia la democracia.

El siguiente paso de Atenas en su evolución política fue el gobierno de los tiranos, que no significaba necesariamente un déspota cruel. Un tirano llegaba al poder fuera de los canales habituales. En lugar de ser el príncipe heredero o elegido por la *ecclesia*, normalmente usurpaba el trono, a veces con la ayuda de ciudadanos oprimidos que deseaban un cambio. Su autoridad era total. Podía tener un consejo asesor, pero la última palabra la tenía él. Como usurpador, a menudo ignoraba partes de la constitución del estado, aunque generalmente mantenía la mayoría de los sistemas.

Aunque los tiranos tenían un poder absoluto, a veces lo utilizaban en beneficio de su ciudad-estado, especialmente de los pobres y las clases trabajadoras. Los griegos de la época arcaica no consideraban a los tiranos malos o buenos; dependía del hombre y de sus acciones. Los tiranos a menudo manipulaban su camino al poder cuando los gobernantes ignoraban las necesidades de las masas. Los tiranos se ganaban el favor de las clases olvidadas y oprimidas, prometiendo reformas a cambio de su apoyo. Pero una vez que un tirano llegaba al poder, tenía que cumplir sus promesas o arriesgarse a perder su puesto. Para la Grecia arcaica, la tiranía era un trampolín entre el gobierno de un rey o una oligarquía y una democracia rudimentaria.

El primer tirano de Atenas fue el héroe de guerra general Pisístrato, pariente de Solón. Cuando el conflicto de clases sacudió Atenas, Pisístrato se presentó como defensor de las clases bajas, que constituían la mayoría de la población de la ciudad. Una vez en el poder, Pisístrato mejoró la vida de la clase trabajadora y de los pobres oprimidos. Devolvió a los campesinos las tierras que les habían sido confiscadas por deudas y los ayudó a desarrollar una agricultura más rentable con cultivos comerciales. Utilizó la riqueza que le proporcionaban sus minas de oro de Macedonia para mejorar las infraestructuras de Atenas y promovió festivales y juegos, que agradaron a todas las clases. Mejoró la armada ateniense y convirtió toda la península del Ática en un lugar productivo y próspero. A Atenas le fue tan bien con Pisístrato que otras ciudades-estado griegas consideraron la tiranía como una opción viable.

El hijo de Pisístrato, Hipias, fue el siguiente tirano de Atenas. Al principio siguió los pasos de su benévolo padre, pero luego se deterioró hasta el punto de que Esparta invadió e instaló a Iságoras como siguiente magistrado principal. Iságoras exilió a todo aquel que consideraba una amenaza política y se apoderó de sus tierras. Finalmente, en 508 a. e. c., los atenienses se rebelaron, expulsaron a Iságoras y nombraron a Clístenes, un visionario democrático, nuevo líder de Atenas.

Las novedosas reformas democráticas de Clístenes dividieron Atenas y el resto de la península del Ática en diez tribus. Cada tribu contaba con treinta unidades: diez de Atenas, diez de las zonas rurales y diez de la región costera. Cincuenta ciudadanos varones de cada una de las diez tribus formaban parte de un consejo de quinientos hombres durante un año. Todos los ciudadanos —ricos o pobres, rurales o urbanos— estaban representados por igual, lo que suponía otro paso significativo hacia la democracia. Sin embargo, no todos los ciudadanos tenían derecho a voto y las mujeres no estaban representadas. No obstante, estableció un nuevo sistema político que perduró hasta la época clásica.

La guerra perpetua marcó la época arcaica de Grecia. Las ciudades-estado a menudo luchaban entre sí, pero también competían con Cartago, en el norte de África, por el control del comercio y las colonias del Mediterráneo. Este conflicto acabó desembocando en las guerras púnicas. El enorme Imperio persa aqueménida también luchó contra Grecia a partir del año 547 a. e. c., cuando Ciro el Grande conquistó las colonias griegas jónicas de la costa oriental del Egeo. Darío el Grande invadió Grecia continental, lo que supuso una humillante derrota para los persas en la batalla de Maratón en el año 490 a. e. c. El hijo de Darío, Jerjes I, volvió a invadir Grecia en el 480 a. e. c. con su ejército de un millón de hombres, pero resultó otro fiasco para Persia.

Un hoplita del siglo V con su casco a la espalda
Jona Lendering, CC0, vía Wikimedia Commons;
https://commons.wikimedia.org/wiki/File:Hoplite_5th_century.jpg

Dos razones del éxito bélico de Grecia fueron su armada estelar y su formación de falange casi indomable en las batallas terrestres. Los guerreros hoplitas griegos llevaban cascos de bronce que les cubrían el rostro, junto con corazas y espinilleras de bronce. Llevaban escudos de bronce en la mano izquierda y lanzas de dos metros en la derecha. Se alineaban en posición de falange: hombro con hombro, con los escudos ligeramente superpuestos. Detrás de la primera fila de hoplitas había al menos siete filas más. La falange era algo así como un bulldozer humano, que se acercaba a las líneas enemigas con largas lanzas y un enorme muro de escudos que aplastaba a cualquiera que no fuera atravesado por las lanzas.

En la época arcaica, los griegos desarrollaron una temible armada que les permitió defenderse del Imperio persa. Su principal buque de guerra era el trirreme, de 120 pies de eslora, propulsado por remeros y velas. Los barcos tenían arietes en la proa, y los griegos eran excepcionalmente hábiles embistiendo a los barcos enemigos en batallas navales o abalanzándose por los costados de sus naves y destrozando sus remos. Sus maniobras marinas, especialmente en estrechos o ríos, les valieron la victoria contra Persia.

Aunque feroces guerreros, los griegos también eran poetas. Los poemas épicos de Homero, la *Ilíada* y la *Odisea*, fueron probablemente relatos orales hasta que finalmente se escribieron con el nuevo alfabeto griego. Hesíodo escribió la *Teogonía* y los *Trabajos y días* sobre la creación y los primeros tiempos de la humanidad. Hesíodo relató la edad de oro, cuando los hombres no pecaban y no conocían el trabajo duro ni la tristeza. En la edad de plata, la gente tenía que trabajar duro, pero vivía mucho tiempo. Siguió la violenta edad de bronce, que terminó cuando Zeus aniquiló a la raza humana con el Diluvio Universal. Pero Zeus le dijo a Deucalión, un hombre íntegro, que construyera un arca y la llenara de comida. La familia de Deucalión sobrevivió y formó las tres tribus principales de Grecia: los eolios, los dorios y los aqueos.

La poesía lírica, cantada con la lira, se hizo popular en la época arcaica. Safo de Lesbos escribió sobre el amor y el deseo entre mujeres. Mimnermo de Esmirna escribió poesía de guerra sobre la invasión de su ciudad por el Imperio lidio. Un coro cantaba y bailaba poesía lírica coral, muy popular en Esparta; dos compositores favoritos eran Terpandro de Lesbos y Alcmán.

El templo de Apolo de Corinto, hacia el 540 a. e. c., muestra pilares dóricos
Carole Raddato de FRANKFURT, Alemania, CC BY-SA 2.0

Un estilo escultórico característico de la época arcaica eran las estatuas *korai* y *kouroi* de mármol o piedra caliza de tamaño natural de mujeres y hombres jóvenes ligeramente sonrientes. Las mujeres (korai) llevaban largas trenzas y vestidos modestos, mientras que los hombres (kouroi) estaban desnudos; ambos representaban a jóvenes idealizados. Los griegos construyeron los primeros templos de piedra en la época arcaica, siguiendo estilos similares a los palacios y templos micénicos de madera y ladrillo. La arquitectura de los primeros templos era dórica, con pilares que sobresalían en el centro y frisos que decoraban la parte superior.

Los filósofos presocráticos dieron forma a la comprensión espiritual, política e intelectual de la Grecia arcaica. A Tales de Mileto se lo llama el padre de la Ciencia; buscaba respuestas científicas al por qué y al cómo sucedían las cosas, en lugar de la suposición común de que los dioses lo controlaban todo. Tales introdujo conceptos geométricos en Grecia, como el diámetro de un círculo y que un triángulo isósceles tiene ángulos de base iguales.

Uno de los alumnos de Tales fue Anaximandro, que enseñó que el dios Atlas no sostenía el mundo, sino que este flotaba libre de forma natural. Sostenía que la naturaleza seguía leyes específicas, que debían ser respetadas. En una ocasión predijo correctamente que un terremoto sacudiría Esparta y consiguió evacuar a la población a tiempo para ponerla a salvo. Uno de los alumnos de Anaximandro fue Anaxímenes, que descubrió que las estrellas y los planetas diferían entre sí. Percibió que las estrellas se mueven en los mismos planos y en las mismas posiciones relativas. Sin embargo, los planetas que podía observar a simple vista tenían movimientos más complejos.

Pitágoras tenía una escuela en la colonia griega de Samos, en el sur de Italia. Propuso el novedoso concepto de que la Tierra era una esfera y no plana. Elaboró el teorema de Pitágoras: el lado más largo al cuadrado de un triángulo de noventa grados es igual a la suma de los otros dos lados al cuadrado ($a2 + b2 = c2$). Sin embargo, pruebas recientes demuestran que los babilonios utilizaban el teorema de Pitágoras unos mil años antes que Pitágoras[11].

Heráclito de Éfeso enseñaba que una fuerza invisible llamada Logos mantenía y dirigía el universo. «Los seres humanos deben estar en sintonía con el Logos para vivir correctamente; sin embargo, la mayoría de la gente intenta vivir independientemente del Logos y se engaña a sí misma, no percibiendo la auténtica realidad». Jenófanes de Colofón se reía de las deidades griegas que no eran mejores que los humanos con sus adulterios, engaños y conflictos. Él creía en un dios supremo innatamente moral y benevolente que estaba por encima de todos los dioses y los hombres.

Cuando Grecia despertó de la Edad Oscura y empezó a prosperar, su población creció rápidamente. Pero esto creó un problema porque solo el 20% del accidentado terreno de Grecia podía cultivarse. El clima no ayudaba. La mayor parte de las precipitaciones de Grecia se producen en invierno, por lo que apenas llueve durante la temporada de cultivo. Los olivos y los árboles frutales solían dar buenos resultados, pero la sequía arruinaba regularmente las cosechas de cereales.

Grecia necesitaba reducir su población continental, encontrar una fuente de grano para alimentar a su gente y desarrollar oportunidades comerciales. La respuesta fue la colonización. Durante los dos primeros siglos de la era arcaica, las ciudades-estado griegas establecieron quinientas colonias en el Mediterráneo, el mar Egeo y el mar Negro. Las colonias griegas se extendieron hacia el oeste hasta las actuales España y Francia, hacia el sur hasta el norte de África y hacia el noreste hasta la actual

---

[11] D. F. Mansfield, "Plimpton 322: A Study of Rectangles", *Foundations of Science* 26 (2021): 977–1005. https://doi.org/10.1007/s10699-021-09806-0

Ucrania. El 40% de la población griega vivía en sus colonias, que eran estados independientes y autónomos.

Los cientos de colonias en tres continentes aportaron a Grecia recursos inimaginables. Los griegos no solo recibían cereales, sino también madera, textiles y metales como cobre, oro, hierro y estaño. A cambio, Grecia exportaba su famosa cerámica roja y negra con escenas que representaban batallas, escenas mitológicas y animales animados. Parte de la cerámica exportada contenía aceitunas, aceite de oliva y vino de la Grecia continental. Las colonias se enriquecieron con el comercio y algunas se convirtieron en centros de arte o de estudios académicos de matemáticas, ciencia y filosofía.

El vasto sistema comercial de Grecia la introdujo en la acuñación de moneda, que se inventó en Lidia a finales del siglo VII a. e. c. Las primeras monedas acuñadas en Grecia procedían de Egina, en el golfo Sarónico. La mayoría de las monedas griegas eran de plata, pero también de oro, cobre y bronce. Las ciudades-estado solían producir diseños representativos de su ciudad. Muchas utilizaban a su deidad patrona, y la isla de Thera tenía delfines.

La era arcaica fue una época de gran energía, con un crecimiento sin precedentes de la población, la colonización, la tecnología y el conocimiento científico. La Grecia arcaica hizo grandes avances en política y cultura. Sus ciudades-estado desarrollaron ejércitos y armadas formidables que se aliaron con éxito para derrotar al gigantesco Imperio persa en dos invasiones épicas. La época arcaica preparó el terreno para la edad de oro de la Grecia clásica.

Capítulo 4: La Grecia clásica

—¿Están locos? ¿Creen estos griegos que tienen alguna posibilidad contra mi ejército de un millón de hombres?

Corría el año 480 a. e. c. y Jerjes I, del Imperio aqueménida, atravesaba Grecia en picado para arrasar Atenas. Pero bloqueando su camino en el estrecho paso de las Termópilas había una pequeña fuerza de siete mil guerreros griegos liderados por el rey Leónidas de Esparta.

—Griegos, ¡tienen una última oportunidad! ¡Arrojen sus armas!

Los espartanos, imperturbables, mantuvieron su rígida disciplina.

—¡Vengan por ellas!

Con sus escudos superpuestos formando un muro en la posición de falange, los aliados griegos mantuvieron la línea durante dos días. El paso era estrecho, solo dieciséis pies (4.87 metros) desde los acantilados del monte Calídromo hasta el golfo Maliense. Detrás de la primera línea, el resto del ejército se mantuvo firme, listo para ocupar su lugar si caía un soldado de la primera línea. Pero un compañero griego acabó traicionándolos, esperando riquezas de Jerjes. Mostró a los persas una ruta alternativa a través de las montañas.

Al darse cuenta de que estaban flanqueados, el rey Leónidas envió a la mayor parte del ejército de la coalición hacia el sur, manteniendo solo 1.400 soldados en el paso. Las fuerzas conjuntas que se dirigían al sur vigilarían la nueva muralla en el istmo de Corinto, protegiendo Esparta, Corinto y el resto de la península del Peloponeso. Los soldados que quedaron con Leónidas lucharon hasta la muerte, frenando la implacable marcha de los persas hacia el sur.

Tres grandes enfrentamientos militares sacudieron la época clásica griega, que duró del 480 al 356 a. e. c.: los últimos días de las guerras greco-persas, la guerra del Peloponeso y un encarnizado conflicto entre Esparta y Tebas. La época clásica también es famosa por sus templos de impresionante arquitectura, esculturas fluidas y dinámicas, filosofía esclarecedora y conceptos innovadores en matemáticas y ciencia.

El sacrificio del rey Leónidas en la batalla de las Termópilas dio tiempo a los atenienses para huir de su ciudad y reagruparse en la isla de Salamina. Atenas cayó en manos de Jerjes, pero la humillante derrota de los persas en la batalla naval de Salamina convenció a Jerjes de regresar definitivamente a Persia. Los griegos se dieron cuenta de que su fenomenal victoria contra Persia se debía a la unión de fuerzas de las ciudades-estado aliadas. Para eliminar la amenaza persa de una vez por todas, los griegos formaron la Liga de Delos en 478 a. e. c.

Atenas estaba a cargo de la liga, y los griegos expulsaron a los persas del mar Egeo durante quince años y ahuyentaron a los piratas dolopios que perturbaban el comercio griego. Sin embargo, un intento de ayudar a Egipto en su revuelta contra la dominación persa en el 460 a. e. c. acabó en desastre: Atenas perdió gran parte de su flota y veinte mil soldados. Intrigado, el general Pericles decidió trasladar el tesoro de la Liga de Delos a Atenas, temiendo que fuera vulnerable a los persas en Delos. Sin embargo, al controlar la liga y disponer ahora de su tesoro, Atenas se convirtió en un imperio de facto, y las contribuciones al tesoro de la Liga de Delos se convirtieron en pagos de tributos.

El enfrentamiento final entre Persia y Grecia se produjo en el 451 a. e. c. por el control de la isla de Chipre. El general Cimón de Atenas navegó con doscientos barcos hasta Chipre, aplastando a la flota persa y obligando a Persia a aceptar la Paz de Calias, de treinta años de duración, en el 449 a. e. c. Las colonias griegas de Asia obtuvieron la independencia y Persia prometió mantenerse fuera del mar Egeo. Grecia aceptó no interferir en Chipre, Egipto y Anatolia (la actual Turquía occidental).

Atenas vivía su edad de oro. El periodo de paz le permitió avanzar económicamente y dejar un legado impresionante en las ciencias y la cultura. La democracia floreció bajo el liderazgo del general Pericles, que reformó la constitución y abrió la función pública a todas las clases sociales. Incluso llegó a pagar a las clases más bajas por ser jurado y desempeñar otras funciones administrativas públicas.

Los restos del Partenón aún coronan la Acrópolis de Atenas

Atenas había madurado hasta convertirse en el centro intelectual y artístico del Mediterráneo. Jerjes había arrasado Atenas en 480 a. e. c., pero Pericles reconstruyó las murallas de la ciudadela y los templos de la Acrópolis, que se alzaban sobre la ciudad. El Partenón era el elegante templo de la diosa Atenea. En la sala central se erguía una imagen de la deidad de cuarenta pies (doce metros), rodeada de paneles murales que representaban criaturas mitológicas y la guerra de Troya. Los Propileos son una colosal puerta de mármol con pilares dóricos frente a otra imagen de Atenea, esta de bronce. Ictino, el arquitecto del Partenón de Atenas, también construyó el Templo de Apolo en la ciudad de Basas, en el Peloponeso, combinando arquitectura corintia, dórica y jónica.

La edad de oro griega es legendaria por sus esculturas fluidas y vivas, que captan el movimiento y la emoción. La escultura de mármol de *Hermes de Praxíteles* sosteniendo al niño Dioniso ilustra la relajada pose de contrapposto típica de la época clásica, con el peso desplazado hacia una pierna. Los griegos clásicos preferían utilizar el bronce lustroso para las esculturas por su resistencia, pero los romanos copiaron más tarde muchas esculturas griegas en mármol.

Esta escultura de Hermes y el niño Dioniso se encontraba en el templo de Hera en Olimpia

Uno de los pasatiempos favoritos de los griegos de la edad de oro eran las representaciones dramáticas, a veces comedias, pero más a menudo tragedias. Los temas se centraban en la intromisión de los dioses en los asuntos humanos y las implicaciones de la inmoralidad, el amor sin esperanza y la traición. Esquilo, Eurípides y Sófocles fueron los dramaturgos más conocidos. Una de las tragedias de Eurípides retrataba la versión de Helena de por qué abandonó a su marido por el príncipe Paris de Troya. *Edipo rey*, de Sófocles, cuenta la historia de cómo el rey Layo quería matar a su hijo pequeño debido a una profecía que decía que su hijo lo mataría a él. Pero en lugar de matar a su hijo, su mujer, Yocasta, lo abandonó. Un pastor encontró al niño, que fue adoptado por el rey de Corinto. Cuando el niño Edipo creció, mató a su padre biológico y se casó con su madre sin conocer sus verdaderas identidades.

La Grecia clásica realizó increíbles avances en medicina, matemáticas, ciencia y filosofía. Hipócrates, el «padre de la Medicina», introdujo el diagnóstico clínico: comprobar el pulso, la temperatura, la orina y las deposiciones e investigar el nivel de dolor y la amplitud de movimiento. Teeteto de Atenas hizo avanzar la geometría desarrollando los sólidos platónicos y las longitudes irracionales. Leucipo y su alumno Demócrito desarrollaron la teoría de los átomos como componentes de la materia. Creían correctamente que los átomos estaban en constante movimiento, que según Leucipo no era aleatorio, sino controlado por el Logos (la fuerza invisible que dirige el mundo).

Hipias de Elis fue un filósofo que incursionó en los dominios de la astronomía, las matemáticas y la música. Descubrió la cuadratura geométrica, una curva que triseca un ángulo. Creía que una ley natural fija y universal determinaba la moralidad y que era inmutable en todas las situaciones y épocas. Por ejemplo, enseñaba que honrar a los padres era una ley natural que persistía en el tiempo.

El filósofo Sócrates utilizaba un método de enseñanza de preguntas y respuestas, animando a sus alumnos a llegar a sus propias conclusiones en lugar de alimentarlos con conocimientos. Decía que no merece la pena vivir una vida sin examen; necesitamos comprender la profundidad de lo que no sabemos y aprender constantemente cosas nuevas sobre nosotros mismos y la vida. Decía que la gente que nunca cuestionaba el statu quo ni se hacía preguntas era «doblemente tonta». Eran tontos por no saber nada y doblemente tontos por no darse cuenta de su ignorancia.

Los desafíos de Sócrates a sus alumnos desembocaron en su juicio por corrupción de la juventud ateniense. También fue juzgado por impiedad porque decía que su dios era moralmente bueno y racional. Despreciaba a los dioses griegos, que mentían y engañaban a sus esposas. Sócrates preguntó cómo podían ser morales los humanos si sus dioses no lo eran. Fue declarado culpable de ambos cargos y condenado a morir bebiendo cicuta.

Pintura de Jacques-Louis David de la ejecución de Sócrates
https://commons.wikimedia.org/wiki/File:David_-_The_Death_of_Socrates.jpg

43

Platón, alumno y amigo íntimo de Sócrates, enseñó la teoría de las formas, que afirmaba que nuestro concepto de la realidad es solo un reflejo de la realidad real. Decía que es como si viviéramos en una cueva viendo las sombras proyectadas por el sol. Creemos que las sombras son la realidad, pero la verdadera realidad es el sol fuera de la cueva, cuyo resplandor proyecta las sombras. Platón dijo que la mayoría de la gente no tiene ni idea de que hay algo más en la vida que las sombras de la caverna, pero si alguien se liberara y saliera fuera, vería el mundo tal y como es.

«Podrá ver el sol, y no meros reflejos de él en el agua, sino que lo verá en su propio lugar, y no en otro, y lo contemplará tal como es. Entonces argumentará que es él quien da la estación y los años y es el guardián de todo lo que hay en el mundo visible, y en cierto modo la causa de todas las cosas que él y sus semejantes han estado acostumbrados a contemplar»[12].

Conocido como el «padre de la Lógica», Aristóteles fue alumno de Platón y tutor de Alejandro Magno. En su *Metafísica*, defendió la necesidad de un dios inmutable, eterno y perfecto: el «impasible» que lo creó todo. Aristóteles enseñó el principio de deducción: si una premisa (creencia) es exacta, su conclusión es verdadera. La deducción nos permite comprender verdades específicas y nos conduce a la inducción o comprensión generalizada.

Mientras los filósofos atenienses reflexionaban sobre las verdades espirituales y científicas, la rivalidad latente entre Esparta y Atenas estalló en la primera guerra del Peloponeso en el 460 a. e. c. Al principio, Esparta se contuvo mientras sus aliados luchaban contra Atenas, empezando por Corinto. Atenas fracasó en las guerras terrestres, pero obtuvo brillantes victorias en las batallas navales. Finalmente, Esparta marchó a Beocia, que estaba sesenta millas al norte de Atenas. Los atenienses se enfrentaron a los espartanos en la batalla de Tanagra, en la que Esparta resultó vencedora. Pero la armada ateniense era muy superior a su ejército de tierra, por lo que rodeó el Peloponeso y atacó a los aliados de Esparta en la costa. En un callejón sin salida, Esparta acordó la Paz de los Treinta Años con Atenas en 445 a. e. c., poniendo fin a la primera guerra del Peloponeso.

La paz solo duró catorce años, y la segunda guerra del Peloponeso (431-404 a. e. c.) fue instigada por los espartanos, que invadieron las

---

[12] Platón, *La República*, Libro VII, trad. Benjamin Jowett. Internet Classics Archive. http://classics.mit.edu/Plato/republic.9.viii.html

tierras de labranza de la península del Ática en torno a Atenas. Los espartanos despojaron sus campos, intentando atraer a los atenienses a una batalla terrestre. Pero, conociendo la superioridad de los espartanos en tierra, Pericles se contuvo, metiendo a la población rural en las murallas de la ciudad y refugiándose, viviendo de los envíos de grano de Egipto. Mientras tanto, la formidable armada de Atenas formó un bloqueo alrededor del Peloponeso, bloqueando los envíos a Esparta y sus aliados.

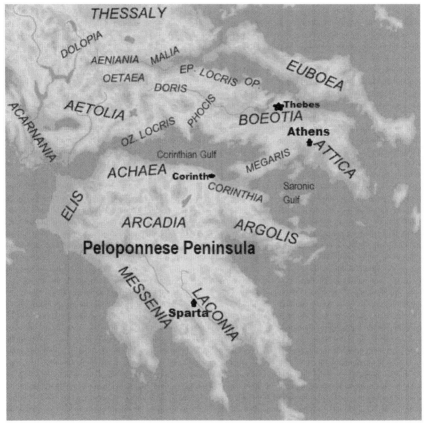

La mayor parte del sur de Grecia participaba en la guerra del Peloponeso
Fotografía modificada: etiquetas añadidas. Crédito: original:Map_greek_sanctuaries-en.svg by Marsyasderivative work: MinisterForBadTimes, CC BY-SA 2.5 <https://creativecommons.org/licenses/by-sa/2.5>, vía Wikimedia Commons; https://commons.wikimedia.org/wiki/File:Ancient_Greek_southern_regions.png

Pericles nunca imaginó que los cargamentos de grano procedentes de Egipto traerían ratas portadoras de la peste, que se extendió como un reguero de pólvora por la superpoblada Atenas. Un tercio de la población murió de diarrea violenta, muerte tisular e infección pulmonar. Los supervivientes quemaban a los muertos en piras o los arrojaban a enormes fosas por centenares cada día. En cuanto se enteraron del brote, los espartanos huyeron de la península del Ática. En un giro irónico, el bloqueo ateniense protegió a Esparta y al resto del Peloponeso de los barcos que transportaban la peste.

La muerte de Pericles a causa de la peste en 429 a. e. c. dejó a Atenas sin su liderazgo maduro y perspicaz. Pero la peste acabó disipándose y Atenas reanudó las incursiones navales y la construcción de fortalezas en el Peloponeso. Esparta atacó Pilos, uno de estos fuertes, pero los atenienses ganaron, la primera vez que se imponían en una batalla terrestre a Esparta. Esta victoria dio poder y energía a los atenienses, ya que se dieron cuenta de que el ejército espartano no era tan invencible como pensaban.

Esparta respondió a la derrota marchando hacia el norte, a Tracia, y tomando el control de las minas de plata de Atenas en Anfípolis. Atenas corrió hacia el norte para recuperar su principal fuente de riqueza, y en la batalla campal de Anfípolis, ambos bandos perdieron a sus principales generales. En una crisis de liderazgo, las dos ciudades negociaron la Paz de Nicias en el 421 a. e. c., que duró cincuenta años. Pero la paz se derrumbó rápidamente cuando algunas ciudades del Peloponeso abandonaron su alianza con Esparta y se unieron a Argos, vecina independiente de Esparta. La mortífera batalla de Mantinea, la mayor batalla terrestre de la guerra, se saldó con una sorprendente victoria de Esparta en el 418 a. e. c., y las ciudades desafiantes se vieron obligadas a regresar a la Liga del Peloponeso.

A continuación, la guerra se dirigió a la isla de Sicilia, al otro lado del estrecho de Mesina, en la punta de la bota italiana. Griegos jonios y dorios habían colonizado Sicilia en la época arcaica. Sus ciudades madre eran Atenas para los jonios y Esparta para los dorios, y ambas ciudades apoyaban a sus parientes en Sicilia. Cuando los griegos colonizaron Sicilia, empujaron a los indígenas hacia el interior. La ciudad de Segesta suplicó ayuda a Atenas contra un ataque de la ciudad doria de Selinunte. Atenas accedió y en el 415 a. e. c. se produjo la expedición a Sicilia, en la que los atenienses atacaron Siracusa, aliada de Selinunte.

Esparta envió una flota de ochenta barcos a Siracusa, y en las dos primeras escaramuzas navales prevaleció la armada ateniense. Pero entonces la armada espartana atrapó a la flota ateniense en el puerto, donde no podían maniobrar bien. Ambos bandos perdieron unos cincuenta barcos en la batalla campal. Finalmente, los atenienses vararon sus barcos e intentaron escapar por tierra. Pero las fuerzas coaligadas de Siracusa y Esparta aniquilaron a decenas de miles de atenienses y esclavizaron al resto.

De vuelta en Grecia, Esparta tomó el control del norte de la península del Ática, bloqueando el comercio y las comunicaciones entre Atenas y el norte de Grecia. Esparta reconquistó las minas de plata de Atenas, dejándola en la indigencia económica. Atenas exigió más tributos a las ciudades de la Liga de Delos, lo que provocó la separación de las colonias jónicas agraviadas. Los persas se involucraron en la guerra construyendo barcos de guerra para Esparta.

En una espiral descendente, Atenas experimentó una agitación interna cuando una oligarquía de cuatrocientos hombres usurpó el poder y sus avances democráticos se desvanecieron. Luego, Esparta se hizo con el control de los Dardanelos, bloqueando los envíos de grano de Atenas desde el mar Negro. Cuando la armada ateniense intentó romper el bloqueo, los espartanos hundieron 168 de sus 180 barcos. En 404 a. e. c., la guerra del Peloponeso terminó con la rendición de Atenas. Esparta se apoderó de los barcos de guerra atenienses que quedaban y obligó a Atenas a desmantelar sus murallas protectoras. Sin embargo, Esparta libró a los atenienses de la esclavitud propuesta por otros estados griegos, recordando cómo Atenas había rescatado a Grecia de los persas.

La Liga de Delos, antaño liderada por Atenas, caía ahora bajo el poder de Esparta. Pero Esparta no se limitó a recaudar tributos, sino que colocó a sus propios gobernadores en las ciudades, que contaban con el apoyo de guarniciones espartanas. Esparta incluso obligó a los estados democráticos a convertirse en oligarquías. Corinto y Tebas se habían aliado con Esparta en la guerra del Peloponeso, pero la tiranía espartana les resultó inaceptable. Persia intervino de nuevo, con la esperanza de desestabilizar aún más Grecia sobornando a las ciudades-estado griegas para que se rebelaran contra el poder de Esparta.

El rey Pausanias de Esparta marchó hacia el norte para reunirse con el general espartano Lisandro, que regresaba de Asia, para atacar la ciudad de Haliarto, estrecha aliada de Tebas. Lisandro llegó primero y, sin esperar a Pausanias, atacó Haliarto. Pero, de repente, un ejército tebano lo asaltó por la retaguardia. No era consciente de que había un ejército tebano cerca, lo que fue un error fatal, ya que los tebanos lo abatieron.

Más ciudades-estado griegas se pasaron al bando tebano.

La flota espartana regresaba de los Dardanelos cuando los persas y los atenienses la atacaron repentinamente. El general Conón de Atenas mandaba una flota persa, mientras que el gobernador persa Farnabacio de Frigia (en el oeste de Turquía) mandaba una flota fenicia. Los espartanos arrastraron sus barcos hacia la orilla y huyeron, con los persas y los atenienses pisándoles los talones. La playa se tiñó de rojo con la sangre griega y el imperio naval de Esparta se vino abajo.

El general Conón y su nuevo amigo persa Farnabacio causaron estragos en la costa del Peloponeso y luego navegaron hasta Atenas, donde Farnabacio financió la reconstrucción de las murallas atenienses. Pero Esparta seguía bloqueando los envíos de grano a Atenas, así que en 387 a. e. c., los persas negociaron finalmente la Paz del Rey con Esparta, Atenas, Argos, Corinto y Tebas. Los persas obtuvieron Chipre y las colonias jónicas griegas en Asia, pero todas las demás ciudades-estado griegas pasaron a ser gobernadas de forma independiente.

Cinco años más tarde, Esparta rompió el tratado atacando Tebas y estableciendo allí una guarnición. Pero los líderes tebanos habían entrenado en secreto a jóvenes en técnicas de combate y, en el 379 a. e. c., mataron a los líderes espartanos, pero permitieron que el resto de los soldados de la guarnición salieran ilesos. La victoria en una batalla terrestre contra los espartanos impulsó a los tebanos a formar un Batallón Sagrado de trescientos hombres con guerreros altamente cualificados a tiempo completo. Mientras tanto, Atenas se recuperó en la década siguiente, creando la Segunda Liga ateniense en 378 a. e. c. A diferencia de la primera, todas las ciudades-estado mantuvieron su independencia en una alianza descentralizada.

El poder de Esparta sobre las demás ciudades-estado griegas se derrumbó finalmente en la batalla de Leuctra, en 371 a. e. c. Los espartanos marcharon hacia el norte para atacar Tebas. Los espartanos marcharon hacia el norte para atacar Tebas y pillaron desprevenidos a los tebanos, pero estos se reunieron rápidamente a siete millas al sur de Tebas. Los tebanos utilizaron su nueva e intimidante formación de falange de cincuenta hombres de profundidad y sus escalofriantes lanzas de tres metros de largo. El aplastante triunfo de Tebas le permitió dominar Grecia durante la siguiente década, al ganar una batalla tras otra.

Tebas invadió Tesalia y Macedón por el norte, tomando como rehén al príncipe adolescente de Macedón, Filipo II, sin sospechar cómo aquello cambiaría algún día el curso de la historia. Cuando Tebas se hizo más fuerte, una nerviosa Atenas se alió con Esparta en la batalla de Mantinea, que tuvo consecuencias en 362 a. e. c. Tebas ganó la brutal batalla, pero a un precio muy alto, ya que perdió a su experimentado líder Epaminondas.

Tebas logró invadir Esparta y liberar a sus ilotas, que realizaban el trabajo manual de Esparta. Sin el trabajo de los ilotas, que liberaba a los espartanos para ser guerreros a tiempo completo, el ejército de Esparta se tambaleó. Pero Tebas también tuvo problemas, ya que había perdido a sus expertos generales. Ni Esparta ni Tebas pudieron mantener el control sobre el resto de Grecia, dejando la puerta abierta a la estrella emergente de Macedonia: Filipo II.

Capítulo 5: Filipo II y Alejandro Magno

—Señor, tiene otra carta del rey Darío. Vuelve a ofrecer condiciones de paz.

—¡Seguro que sí! —Alejandro Magno se rió entre dientes—. ¡He conquistado toda la costa mediterránea y tengo a sus mujeres! ¿Puedes creer que las abandonó en el campo de batalla?

—Sí, él pide que le devuelva a su madre, esposa e hijas. A cambio, usted recibirá la mitad del Imperio persa, una fortuna de oro, y una de sus hijas en matrimonio.

—¡Ja! —Alejandro rió—. ¡Ya tengo todo eso! Tengo el oro de Lidia, Tiro y Egipto. Tengo a sus dos hijas y he conquistado la mitad del imperio. ¿Por qué debería detenerme ahora cuando puedo tenerlo todo?

¿Quién iba a creer que la remota Macedonia, en la frontera norte de Grecia, llegaría tan alto? Mientras Esparta, Tebas y Atenas luchaban por el control, Macedonia no era más que un remanso en peligro de ser absorbido por potencias más fuertes. Sin embargo, con Filipo II conquistó la mayor parte del territorio griego; con Alejandro, hijo de Filipo, conquistó todo el Imperio persa.

El caos político marcó la infancia y juventud de Filipo II. Tras el asesinato de su hermano mayor, el rey Alejandro II, pasó su adolescencia como rehén en Tebas. Pero el general tebano Epaminondas lo instruyó en la diplomacia y las artes militares tebanas. Filipo soñaba con reformar el ejército macedonio mientras estudiaba la formación de la falange tebana y su armamento. A la edad de veintitrés años, Filipo se convirtió inesperadamente en rey de Macedonia cuando su hermano, el rey Pérdicas III, murió en combate.

Filipo se puso a trabajar de inmediato para transformar el ejército macedonio. Entrenó a sus soldados con la sarisa: una mortífera lanza de seis metros de longitud inventada por él. Los hombres también aprendieron la innovadora falange de Filipo: dieciséis filas de ocho hombres de ancho, lo que les proporcionaba una maniobrabilidad superior. Filipo no tardó en ampliar las fronteras de Macedonia, vengar la muerte de su hermano y derrotar a las naciones vecinas que habían amenazado la existencia de su reino. Extendió su reino hacia el oeste, abarcando la actual Albania, hacia el este, la actual Bulgaria, y hacia el norte, la actual Serbia y Kosovo. Se hizo con el control de las minas de plata de Atenas en Anfípolis.

Al final de su reinado, Filipo II controlaba la mayor parte de la península balcánica
Foto modificada: ampliada y etiquetada. Crédito: ArnoldPlaton, CC BY-SA 3.0
<https://creativecommons.org/licenses/by-sa/3.0>, vía Wikimedia Commons
https://commons.wikimedia.org/wiki/File:Balkan_Peninsula.svg

Aunque los griegos solo tenían una esposa a la vez, los nobles macedonios se casaban con varias para formar alianzas estratégicas. En 337 a. e. c., Filipo se casó con su cuarta esposa, la princesa Olimpia de Epiro, quien dio a luz a su hijo Alejandro al año siguiente. Filipo contrató al célebre filósofo Aristóteles como tutor de Alejandro e invitó a los gobernantes griegos a enviar a sus hijos a estudiar con Alejandro bajo la tutela de Aristóteles, lo que dio lugar a astutas alianzas griegas.

El siguiente objetivo militar de Filipo eran las ciudades-estado griegas del sur. Su oportunidad llegó cuando estalló la tercera guerra sagrada en el año 356 a. e. c. en Delfos, en el centro de Grecia. Pitia, el oráculo de Delfos, era una sacerdotisa que entraba en trance tras respirar los vapores de una fisura bajo el Templo de Apolo. Personas de todo el mundo griego viajaban a Delfos en busca de su consejo. La ciudad de Fócida se había atrevido a arar granjas en el recinto sagrado que rodeaba Delfos y luego cometió un sacrilegio mayor al asaltar el templo de Apolo y robar sus tesoros.

La defensa de Delfos no solo otorgó a Filipo la condición de héroe ante los adoradores de Apolo, sino que también le permitió hacerse con el control de Grecia central. Filipo había estado luchando contra Tesalia en su frontera sur, pero de repente se ofreció a aliarse con ella para luchar por Delfos. Juntos, aplastaron a Fócida, aniquilando su ejército. Los tesalonicenses quedaron tan impresionados con el liderazgo de Filipo que lo nombraron su magistrado principal de por vida.

Como parte del acuerdo de paz entre Filipo y Fócida, Filipo se hizo con el control del paso de las Termópilas, que se encontraba en territorio de Fócida y le permitía acceder sin trabas al sur de Grecia. Para evitar su invasión, Atenas negoció un acuerdo con Filipo, que este aceptó de buen grado. Filipo necesitaba la armada de Atenas para su objetivo a largo plazo de invadir y conquistar el Imperio persa con una fuerza griega unida.

Isócrates, el influyente orador de Atenas, animó a Filipo en su búsqueda. «Debes reconciliar a las cuatro grandes ciudades griegas: Argos, Atenas, Esparta y Tebas. Si se unen, todas las demás se unirán. ¡Debemos poner fin a estas constantes luchas internas entre las ciudades-estado griegas y unirlas para luchar contra Persia!».

La imagen de Filipo II en una moneda de oro

Pero el estadista ateniense Demóstenes despotricó: «¡Filipo es el peor enemigo que puede tener Atenas! Es un déspota. Tenemos que luchar contra los macedonios, no confabular con ellos».

Mientras Filipo luchaba contra los persas en Bizancio (más tarde conocida como Constantinopla), donde se unen Europa y Asia, Demóstenes convenció a Atenas para que se aliara con Persia contra Filipo. Este último necesitaba desesperadamente el control de Bizancio porque sería su ruta hacia el Imperio persa. Exasperado con Atenas, Filipo marchó de regreso a Grecia, mientras Atenas se aliaba rápidamente con Tebas para rechazarlo. Tebas bloqueó a Filipo el paso de las Termópilas, pero Filipo conocía la ruta alternativa.

Filipo cruzó las montañas y se enfrentó a Atenas, Corinto y Tebas en la batalla de Queronea. Su hijo de dieciocho años, Alejandro, comandaba el flanco izquierdo con la ayuda de oficiales experimentados, y Filipo el derecho. Las fuerzas griegas se alinearon en el camino en una formación de dos millas y media, con los tebanos en el flanco derecho contra Alejandro, los atenienses en una pendiente frente a Filipo y los corintios en el centro.

Filipo no quería que los atenienses tuvieran ventaja en la cuesta arriba, así que entabló combate rápidamente y luego amagó con retirarse. Los atenienses persiguieron a las fuerzas de Filipo por el estrecho valle y subieron a la colina del otro lado. Filipo hizo girar a sus tropas para luchar, con los atenienses ahora cuesta abajo, lo que los convertía en un blanco más fácil para sus arqueros. En el flanco izquierdo, el joven Alejandro demostró sus habilidades destrozando el legendario Batallón Sagrado de los tebanos.

Atenas y Corinto se quedaron estupefactas cuando Filipo no arrasó sus ciudades. Pero ese no era su plan. Quería que los estados griegos se unieran bajo su liderazgo para luchar contra Persia. Deseaba luchar con ellos, no destruirlos. Filipo estaba más preocupado por Esparta, que se había mantenido al margen. ¿Y si Esparta empezaba a causar estragos en las ciudades griegas mientras sus fuerzas estaban en el extranjero luchando contra Persia? De forma lacónica, los espartanos se negaron a negociar.

Sin embargo, el resto de Grecia estaba dispuesto a sentarse a la mesa. Formaron la Liga de Corinto en 337 a. e. c., en la que todas las ciudades-estado (excepto Esparta) acordaron no luchar entre sí, sino unirse contra Persia. Declararon formalmente la guerra al Imperio persa y nombraron a Filipo su comandante. En pocos meses, Filipo envió al general Parmenión a Asia para liberar a las ciudades-estado griegas de Jonia del dominio persa. Pero entonces ocurrió el desastre.

Filipo celebraba la boda de su hija Cleopatra con su tío, el rey Alejandro de Epiro. Cuando Filipo entró en la sala, su guardaespaldas y amante despechado, Pausanias, le clavó de repente una daga en las costillas. El gran guerrero había muerto. ¿Qué ocurriría ahora? ¿Seguiría la alianza macedonio-griega invadiendo el Imperio aqueménida? ¿Quién los lideraría?

Mientras Filipo yacía desangrándose, los militares y nobles macedonios no tardaron en declarar a Alejandro como su próximo rey. El joven de veinte años tenía múltiples calamidades que exigían su atención inmediata. En cuanto se enteraron de la muerte de Filipo, varias ciudades griegas abandonaron la Liga de Corinto. Alejandro tuvo que refrenarlas rápidamente para proseguir con la invasión persa.

Alejandro marchó hacia el sur, donde las fuerzas tesalias esperaban en el paso del monte Olimpo. Pero tomó una ruta tortuosa y, sin esperarlo, se encontró con su retaguardia a la mañana siguiente. Sorprendido, Tebas se rindió y Alejandro continuó hacia el sur, donde Atenas y Corinto se disculparon y reconocieron su dominio. Alejandro se dirigió entonces hacia el norte para alinear Tracia y el norte de Grecia.

Alejandro pasó el año siguiente sometiendo a los rebeldes del norte, pero Tebas y Atenas volvieron a retirarse de la Liga de Corinto. Esta vez, Alejandro no estaba tan dispuesto a perdonar. Demolió la ciudad de Tebas, salvando solo los templos. Esclavizó a sus ciudadanos y donó sus tierras a las ciudades vecinas. Atenas no tardó en despachar enviados a Alejandro para suplicarle clemencia, que este la concedió.

Con toda Grecia (excepto Esparta) unida de nuevo, Alejandro se embarcó en su audaz invasión del Imperio persa. En 334 a. e. c., condujo a cuarenta mil griegos y macedonios a través del Helesponto hacia Asia, deteniéndose en Troya para honrar a los héroes de la antigua guerra. El rey Darío III de Persia no estaba especialmente preocupado. Ni siquiera salió de Persia, suponiendo que las fuerzas de sus gobernadores podrían repeler fácilmente a los griegos y macedonios en Jonia.

El general Memnón de Rodas no compartía el optimismo del rey Darío. Había escapado a Macedonia de joven tras una revuelta fallida contra el anterior rey de Persia. Era un conocido personal de Filipo II y su hijo Alejandro, y conocía sus grandiosos planes. También sabía lo que podía hacer su maquinaria militar. Aconsejó a los sátrapas (gobernadores) persas: «¡Necesitamos una política de tierra quemada! Saquen a la gente de la costa. No dejen nada que los griegos y sus caballos puedan comer. Necesita alimentar a su gente y a sus animales. ¡Mátenlo de hambre y se irá!».

Los persas ignoraron su consejo. ¿Por qué deberían huir? Podían mandar a paseo a este macedonio engreído. En su lugar, se alinearon en el río Gránico para enfrentarse a Alejandro. Los griegos tendrían que cruzar el río de dos metros de ancho y corriente rápida, y luego subir por un escarpado acantilado para enfrentarse al ejército persa. A medida que las fuerzas de Alejandro se acercaban, el sol estaba a punto de ponerse. Seguramente, esperaría hasta la mañana para cruzar.

Pero no, las fuerzas macedonio-griegas se pusieron rápidamente en posición. Alejandro lideró el flanco derecho con su caballería macedonia, infantería de élite, arqueros y lanzadores de jabalina. Su formidable infantería formaba la falange macedonia en el centro, y su caballería tesalia-tracia ocupaba el flanco izquierdo. Cuando la caballería del flanco derecho de Alejandro se zambulló en el río, los persas respondieron con una lluvia de flechas que oscureció el sol.

Alejandro y sus jinetes cruzaron el río al galope y subieron por la empinada orilla, rechazando los intentos de los persas de empujarlos al río. Alejandro atravesó con su lanza a Mitrídates, yerno del rey Darío, pero luego el sátrapa Mitrídates rompió el casco de Alejandro con su hacha de batalla. El casco cayó en dos pedazos, pero no hirió de gravedad a Alejandro. El amigo íntimo de Alejandro, Clito el Negro, empaló a Espitrídates antes de que pudiera volver a atacar. Mientras tanto, el resto del ejército de Alejandro vadeaba la rápida corriente del río y trepaba por el terraplén para formar filas con sus sarisas de seis metros. Los persas observaron el muro de lanzas y, presas del pánico, huyeron del campo de batalla.

Tras esta victoria, las ciudades-estado jónicas se rindieron a Alejandro. A continuación, Alejandro asaltó Mileto y Halicarnaso, los principales puertos de Persia, y paralizó su flota naval. Cuando Alejandro pasó por la ciudad de Gordio, alguien señaló el «nudo gordiano», hablando a su líder de la profecía. Quien desatara la enorme maraña gobernaría Asia. Alejandro sonrió y partió el nudo en dos con su espada. Asia era suya. La mayoría de los eruditos concluyen que esta historia es un mito.

Este mural de Pompeyo representa a Alejandro en la batalla de Issos
https://en.wikipedia.org/wiki/File:Alexander_the_Great_mosaic.jpg

A estas alturas, el rey Darío se dio cuenta de que necesitaba dirigir a su ejército en persona. Mientras Alejandro marchaba hacia el sur por el Mediterráneo, el rey Darío se acercó inesperadamente por su retaguardia, atrapando a los hombres de Alejandro en una estrecha llanura entre los montes Nur y el golfo de Issos. Alejandro dio media vuelta y su bien entrenado ejército formó inmediatamente la misma formación que había utilizado en el río Gránico.

En la orilla norte del río Pinarus, la caballería pesada de Darío se alineó junto al mar. Los persas llevaban más de un siglo contratando soldados griegos como mercenarios, y en esta batalla, la infantería griega de Darío, en el centro, se enfrentó a sus compatriotas griegos. La infantería persa se extendió hasta las estribaciones y un contingente cruzó el río en un intento de flanquear el ala derecha de los macedonios. La caballería persa se lanzó al otro lado del río, enfrentándose a la caballería tesalio-tracia del general Parmenión.

La caballería macedonia corrió sobre el río, rompiendo el ala izquierda de la infantería persa. Pero la infantería central de Alejandro, lastrada por sus escudos y sus pesadas sarisas, se sintió intimidada por la rápida corriente y se retiró del río. Pero Alejandro condujo a su infantería de élite del flanco derecho a través del río sin oposición porque la caballería macedonia había desorganizado a la infantería persa que se le enfrentaba.

Una vez cruzado el río, Alejandro saltó sobre un caballo y cargó directamente contra el rey Darío, con sus jinetes macedonios justo detrás de él. Darío entró en pánico y huyó en su carro. Cuando las filas persas se enteraron de que su rey los había abandonado, salieron corriendo, con los griegos detrás, matando a todo aquel que no pudiera correr lo bastante rápido.

Aunque herido, Alejandro obtuvo una tremenda victoria en la batalla de Issos. Incluso capturó a las mujeres de Darío en el campamento persa; las mujeres persas solían acompañar a sus parientes varones a la batalla. Cuando Darío y sus hombres huyeron hacia las colinas, dejaron atrás a la reina de Darío, la reina madre, y a sus dos hijas. Alejandro las tomó bajo su custodia y las trató con respeto. Varios meses después, la esposa de Darío murió al dar a luz, y Alejandro le dio un funeral real. Más tarde se casó con una de las hijas, Estatira II.

Cuando la horda de guerreros de Alejandro se dirigió hacia el sur por la costa del Líbano en 332 a. e. c., todas las ciudades fenicias, excepto la antigua Tiro, se rindieron. Tiro había construido una nueva ciudad en una isla a media milla de la costa con murallas de 150 pies. Al acercarse Alejandro, la ciudad evacuó a sus mujeres y niños a Cartago, en África. Alejandro sitió la ciudad durante siete meses, construyendo una calzada hasta la isla con escombros de la antigua Tiro. Pero el mar bajó repentinamente a cinco metros de profundidad a medida que se alejaban de la costa. Alejandro reunió 220 barcos procedentes de Chipre, Jonia y otras ciudades fenicias. Seis mil tirios murieron cuando los macedonios y los griegos tomaron la ciudad. Alejandro crucificó a otros dos mil y esclavizó a treinta mil.

Egipto había sufrido el dominio persa y había intentado varias veces recuperar su independencia. Ahora, dieron la bienvenida a Alejandro como su libertador del Imperio aqueménida. Le entregaron su tesoro y los sacerdotes lo coronaron nuevo faraón de Egipto. En la desembocadura del Nilo, Alejandro construyó la nueva ciudad de Alejandría, que se convirtió en un impresionante centro de cultura helenística y estudios científicos.

Darío se enfrentó a Alejandro con elefantes y carros guadañados

El rey Darío se enfrentó a Alejandro por última vez en el año 331 a. e. c. en la batalla de Gaugamela, en el actual norte de Irak. Los macedonios y los griegos se enfrentaron esta vez a elefantes de guerra procedentes de la India, lo que supuso una nueva experiencia para ellos. Darío tenía otra arma nueva: carros de cuatro caballos con guadañas. Sus cuchillas sobresalían un metro de los cubos de las ruedas y podían cortar la pierna de un hombre por la mitad. Alejandro dirigió una carga de caballería alrededor del flanco izquierdo persa, atrayéndolos hacia él y adelgazando la defensa en el centro, donde estaba el rey Darío.

Los carros con guadañas persas presionaron hacia los griegos, pero con la flexible falange macedonia, los griegos se hicieron a un lado para permitir el paso de los carros mientras los lanzadores de jabalina búlgaros empalaban a los caballos y a sus conductores. Cuando la línea central que rodeaba a Darío se desintegró, este abandonó el campo, y sus hombres huyeron al darse cuenta de que su rey los había abandonado.

Alejandro se dirigió al sur, a Babilonia, donde fue aclamado como nuevo rey del Imperio persa. Darío huyó hacia el este, con la esperanza de reclutar más hombres y retomar su reino, pero su sátrapa bactriano Bessos lo asesinó. Tras organizar un apropiado funeral real, Alejandro nombró a los dirigentes de sus nuevas tierras, manteniendo en sus puestos a los gobernadores que lo reconocían como rey. A continuación,

Alejandro marchó hacia el este. Su primer objetivo era encontrar y ejecutar a Bessos. Después quiso explorar y conquistar el este hasta «el confín del mundo», el río Ganges en el subcontinente indio.

Los jefes bactrianos entregaron a Bessos a Alejandro, quien a su vez lo entregó al hermano del rey Darío para que supervisara su crucifixión. Durante su estancia en Bactriana (actual Afganistán y Tayikistán), Alejandro conoció a Roxana, hija del jefe bactriano Oxyartes. Para Alejandro fue amor a primera vista. Se casó con la joven, a pesar de las objeciones de sus amigos, que pensaban que debía casarse con una princesa macedonia o al menos con la hija de Darío. Para ellos, la familia de Roxana no era lo bastante prestigiosa para el nuevo emperador. Alejandro marchó entonces hacia la frontera oriental del Imperio aqueménida, en el río Jaxartes.

Para entonces, sus tropas estaban cansadas y desmoralizadas, pues llevaban diez años lejos de sus familias. También desconfiaban de los bruscos cambios de humor de Alejandro, sobre todo después de que se emborrachara y matara a su buen amigo Clito el Negro. Pero Alejandro hizo caso omiso de sus protestas y siguió adelante, escalando el paso Khyber, de 1.500 metros de altura, sobre la cordillera del Hindu Kush y descendiendo al actual Pakistán.

Las esperanzas de Alejandro de viajar hasta el gran río de la India se desvanecieron cuando sus hombres se rebelaron. Se empecinaron; ¡era hora de volver a casa! Alejandro estaba lívido, pero cedió y acompañó a sus hombres de vuelta a Babilonia. Cuando llegaron, Alejandro organizó una boda colectiva y casó a ochenta princesas persas con sus oficiales, uniendo así a las familias reales macedonia, griega y persa. Alejandro se casó con dos princesas ese día: La hija de Darío, Estatira, y Parisátide, hija de un rey persa anterior, Artajerjes III.

En el año 323 a. e. c., Alejandro se sintió eufórico con la noticia de que su primera esposa, Roxana, estaba embarazada. Pero varios meses después, Alejandro enfermó de fiebre y murió a las dos semanas. Nunca había perdido una batalla importante. Cosechó una asombrosa victoria tras otra mientras construía un sensacional imperio de tres continentes. Pero murió antes de poder gobernarlo o nombrar un sucesor. ¿Qué ocurriría ahora con Grecia, Macedonia, Egipto y sus nuevas provincias asiáticas?

Capítulo 6: Los diadocos y la conquista romana

Los principales generales de Alejandro se reunieron para discutir la inesperada crisis de liderazgo del nuevo imperio de Alejandro. El general Pérdicas levantó el anillo de Alejandro:

—Nuestro comandante y rey, Alejandro, me lo dio antes de morir. Seré el regente de su hermanastro Arrideo y del hijo de Roxana.

—¿Arrideo? ¡Tiene problemas mentales! ¿Cómo puede gobernar?

—Es el pariente masculino más cercano de Alejandro —explicó Pérdicas—. Sí, tiene problemas físicos y mentales, pero podemos guiarlo. Se casará con su sobrina, la princesa Eurídice. Roxana dará a luz pronto. Si es niña, haremos rey a Arrideo, y si es niño, el hijo de Alejandro será rey.

—¡Ja! Como regente, serás el rey de facto de cualquier manera —comentó uno de los generales—. ¿Qué opina Arrideo de todo esto? ¿Acaso quiere ser rey?

El general Meleagro salió a buscar a Arrideo. Cuando Meleagro regresó con el joven, Arrideo se sintió abrumado al ver a los severos generales de su hermano y se escabulló, temblando de miedo. Lo hicieron entrar de nuevo, pero las lágrimas corrían por el rostro de Arrideo.

—No estoy calificado para ser su rey.

—¿Por qué no podemos tener dos reyes? —preguntó uno de los generales.

Finalmente, los generales acordaron la Partición de Babilonia, en la que Arrideo reinaría junto con el bebé de Roxana, si era varón. Pérdicas sería el regente de los reyes y comandaría el ejército del imperio. Como diadocos o sucesores de Alejandro, los demás generales se repartieron secciones del imperio entre ellos para gobernar. Dos meses después, Roxana dio a luz a un niño, el rey Alejandro IV.

Los otros generales se rebelaron contra Pérdicas en la primera guerra de los Diadocos (322-319 a. e. c.) porque quería casarse con Cleopatra, la hermana de Alejandro Magno, y convertirse en rey de Macedonia. Entonces, Pérdicas marchó contra el general Ptolomeo, ahora faraón de Egipto, que robó el cuerpo de Alejandro para cumplir la petición de este de ser enterrado en Egipto. Pero los hombres de Pérdicas se rebelaron y sus tres principales oficiales lo mataron, poniendo fin a la primera guerra.

Muerto Pérdicas, los generales tomaron nuevas disposiciones para la regencia de los dos reyes. En el pacto de Triparadiso del 321 a. e. c., la reina Eurídice se convirtió en la regente de facto de su marido, Arrideo. Antípatro, a quien Alejandro había nombrado regente de Macedonia mientras invadía Persia, se convirtió en regente del hijo pequeño de Roxana, el rey Alejandro IV. Antípatro llevó a los dos reyes y a la reina a Macedonia. El general Seleuco, uno de los asesinos de Pérdicas, se convirtió en gobernante de Babilonia. Acabaría gobernando como rey del Imperio seléucida, que abarcaba la mayor parte de Oriente Próximo.

Dos años más tarde, Antípatro murió, dejando al general Poliperconte como nuevo regente. Pero el hijo de Antípatro, Casandro, consideró que la regencia le correspondía por derecho y se alió con Ptolomeo y el general Antígono el Tuerto para desalojar a Poliperconte de Macedonia. Poliperconte escapó a Epiro con Roxana y su hijo de cuatro años, Alejandro IV, y los tres generales convirtieron a Arrideo en el único rey del imperio.

Pero la madre de Alejandro Magno, Olimpia, se alió con Poliperconte en una batalla contra el rey Arrideo y la reina Eurídice. Los soldados macedonios se negaron a luchar contra la reina madre Olimpia, que ordenó la muerte de Arrideo y Eurídice. Sin embargo, la victoria de Olimpia duró poco. Casandro se alió con Antígono, Ptolomeo y otro de los generales de Alejandro, Lisímaco. Derrotaron a Olimpia, que fue lapidada hasta la muerte en el 316 a. e. c. Casandro capturó a Roxana y al niño rey Alejandro, encerrándolos en una torre de Macedonia durante años. La segunda guerra de los Diádocos terminó con la victoria de los cuatro generales.

El rey Alejandro IV estaba a punto de cumplir catorce años. Pronto tendría edad suficiente para gobernar sin regente. Casandro los envenenó a él y a Roxana en el año 309 a. e. c., pero mantuvo sus asesinatos en secreto, aunque a estas alturas ya casi no importaba. Los cinco diádocos que quedaban se autoproclamaban reyes, lo que indicaba su independencia del imperio. Antígono gobernaba desde el oeste de Turquía hasta la frontera con Egipto, y Casandro gobernaba Macedonia y Tesalia. Lisímaco tenía Tracia, Seleuco controlaba Oriente Próximo (desde Irak hasta Afganistán) y Ptolomeo era faraón de Egipto y Libia.

El enfrentamiento final en la batalla de Ipsos en Frigia (Turquía occidental) en 301 a. e. c. puso fin a las guerras de los Diádocos. Casandro, Lisímaco y Seleuco se aliaron contra Antígono. Seleuco regresaba de una campaña en la India y traía quinientos elefantes de guerra. Mientras Lisímaco atacaba el oeste de Turquía, el hijo de Antígono, Demetrio, se apresuró a llegar desde Grecia para ayudar a su padre en Ipsos.

Antígono y Demetrio tenían 75 elefantes de guerra, que enviaron en la carga inicial. Fueron recibidos por doscientos elefantes de Seleuco. La infantería de Antígono, más fuerte, se impuso hasta que Seleuco liberó a sus otros trescientos elefantes. La caballería de Seleuco flanqueó el ala derecha de Antígono. Una jabalina alcanzó y mató a Antígono. Demetrio escapó a Grecia, donde planeó una exitosa toma de Macedonia.

Casandro y Ptolomeo murieron de causas naturales en 297 y 282, respectivamente. De los generales reinantes solo quedaron Seleuco y Lisímaco. Seleuco marchó contra Lisímaco en 281 a. e. c. y este murió en la batalla. Pero unos meses más tarde, el hijo de Ptolomeo I, Ptolomeo Cerauno, asesinó a Seleuco, el último de los diádocos.

Seleuco fue el último general de Alejandro Magno

La dinámica cultura helenística (griega) se extendió por Asia, África y Europa oriental. Los griegos asimilaron las culturas de los pueblos que dirigían, mezclando las influencias de Oriente Próximo, Egipto y la India con el arte, la filosofía, la ciencia y las matemáticas griegas. Las ciudades griegas de Alejandría (Egipto) y Antioquía (Siria) fueron las nuevas potencias científicas y artísticas.

Alejandría, en el delta del Nilo, tenía medio millón de habitantes y un próspero comercio marítimo en todo el Mediterráneo. Su valiosísima biblioteca contenía miles de pergaminos sobre historia, ciencia, religión y literatura. Su bibliotecario jefe, Eratóstenes, calculó que la circunferencia de la Tierra era de 28.000 a 29.000 millas, asombrosamente cerca de los cálculos actuales de 24.901 millas. Aristarco de Samos enseñó que la Tierra giraba alrededor del Sol una vez al año y sobre su eje en un día de veinticuatro horas.

Arquímedes de Siracusa ideó una fórmula para determinar el volumen de una esfera y calculó pi (π) en 3,14 para la relación entre el diámetro de un círculo y su circunferencia. Se lo considera el fundador de la mecánica teórica por haber desarrollado la ley de la palanca. También desarrolló el principio de Arquímedes: un sólido colocado en un fluido es más ligero por el peso del fluido que desplaza. Demostró cómo podía mover un barco con una polea compuesta.

Alejandro Magno y sus sucesores helenísticos difundieron el dialecto griego koiné como lengua común por todo el Mediterráneo y Oriente Próximo. Una lengua compartida mejoró el comercio y permitió los debates entre eruditos científicos, matemáticos y religiosos. Ptolomeo II, segundo faraón macedonio de Egipto, encargó a eruditos judíos la traducción del Tanaj (Antiguo Testamento) al griego koiné. Conocida como la Septuaginta, se convirtió en la versión estándar utilizada en las sinagogas del norte de África y Oriente Próximo.

El helenismo introdujo una nueva era en la escultura griega. Mientras que las esculturas de la época arcaica mostraban a mujeres y hombres jóvenes y rígidos con leves sonrisas, las esculturas griegas clásicas presentaban cuerpos perfectos en movimientos sinuosos y fluidos. Las esculturas helenísticas retrataban a personas con imperfecciones, emociones extremas, musculatura flexionada y acciones exageradas. Un ejemplo dramático es el Grupo de Laocoonte, que representa la muerte violenta del sacerdote troyano Laocoonte y sus dos hijos a manos de serpientes.

La escultura Laocoonte muestra la agonía de la muerte y la desesperación
https://commons.wikimedia.org/wiki/File:Laocoon_Vatican_detail.jpg

El mundo griego se enfrentó por primera vez a Roma en 280 a. e. c. La República romana se había limitado al centro de Italia, pero ahora conquistaba territorios y se extendía hacia el sur de Italia. Grecia había colonizado el extremo sur de Italia (la punta y el talón de la bota italiana) en la época arcaica. Ahora, varias ricas y poderosas ciudades-estado griegas controlaban el comercio marítimo de la región.

«¡Una victoria más así y estamos acabados!» Cuando el rey Pirro de Epiro se introdujo en la escena política de Italia, descubrió que una victoria técnica podía ser tan costosa que era una «victoria pírrica». Todo empezó cuando Roma rompió un tratado con la poderosa ciudad-estado griega de Tarento, en el sur de Italia, navegando con diez barcos hacia el golfo de Tarento. Tarento respondió airadamente hundiendo cuatro naves romanas, y Roma declaró la guerra.

Cuando los tarentinos pidieron ayuda al rey Pirro de Epiro, en el noroeste de Grecia, este aprovechó la oportunidad para introducirse en Italia. Pariente de Alejandro Magno, albergaba la ambición de construir su propio imperio, a pesar de carecer de soldados, fondos y barcos. Tomó prestado todo eso de Macedonia, el Imperio seléucida y Egipto, y navegó hasta Italia en 280 a. e. c. Para consternación de los tarentinos, reprimió las frivolidades y reclutó a los hombres para su ejército.

Pirro se enfrentó por primera vez a Roma en la batalla de Heraclea, en el río Siris. Su ataque inicial de caballería rompió las líneas romanas. Horrorizado por la ferocidad romana, exigió a su lugarteniente que intercambiara armaduras con él. Pensando que el lugarteniente era el rey Pirro, los romanos lo mataron rápidamente. Los elefantes de guerra de Pirro cambiaron las tornas de la batalla, aterrorizando a los soldados romanos y a sus caballos. Los griegos ganaron, pero ambos bandos sufrieron pérdidas catastróficas: quince mil muertos romanos por trece mil griegos.

Durante el invierno, Pirro reclutó tropas de Jonia y Macedonia, aumentando su ejército a cuarenta mil soldados. Volvió a enfrentarse a Roma en 279 a. e. c. en una agotadora batalla de dos días que esta vez se desarrolló en terreno boscoso, lo que impidió las cargas de caballos y elefantes. Los romanos obstaculizaron aún más las cargas de elefantes alineando trescientas carretas de bueyes antielefantes con lanzas y catapultas para lanzar piedras a los griegos.

El rey Pirro luchó por las ciudades-estado griegas de Italia contra Roma
https://commons.wikimedia.org/wiki/File:Pyrrhus.JPG

Pirro guió a sus elefantes por el extremo de las carretas antielefantes el segundo día. Una mirada a los elefantes y los espantados caballos romanos salieron corriendo. Técnicamente, Pirro volvió a ganar: los romanos perdieron siete mil hombres y los griegos aproximadamente la mitad. Pero Pirro estaba herido y la mayoría de sus comandantes habían muerto.

El médico de Pirro, Nicias, se acercó a los romanos ofreciéndose a matar al rey Pirro. Los comandantes romanos advirtieron a Pirro en una carta:

> «Nosotros, muy perturbados en nuestro espíritu por tus continuos actos de injusticia, deseamos combatirte como enemigo. Pero como cuestión de precedente general y de honor, nos ha parecido que deberíamos desear tu seguridad personal para poder tener la oportunidad de vencerte en el campo de batalla»[13].

Pirro agradeció a los romanos liberando a sus prisioneros de guerra romanos. Ejecutó a Nicias, formando las correas de una silla con su piel desollada. Después, sorprendió a todos abandonando repentinamente Italia y navegando hacia Sicilia para ayudar a las ciudades-estado griegas en su lucha contra Cartago. Los griegos sicilianos dijeron que podía ser su rey

---

[13] A. Cornelio Gelio, *Noctes Atticae* (Noches áticas), volumen I, libro III (Loeb Classical Library). http://penelope.uchicago.edu/Thayer/E/Roman/Texts/Gellius/3*.html#8

si libraba a Sicilia de los cartagineses. En su ausencia, Roma alineó a las tribus del sur de Italia y dominó a todas las ciudades-estado griegas de Italia excepto a Regio y Tarento.

La aventura siciliana de Pirro terminó en un fracaso estrepitoso, y los restos de su flota volvieron a Italia en 276 a. e. c. Marchó de noche hacia las fuerzas romanas en Maleventum, planeando un ataque sorpresa al amanecer. Pero sus hombres se desviaron del camino por senderos de cabras en la oscuridad. Cuando los cansados soldados salieron por fin del bosque de Maleventum, se encontraban en una alta colina a la vista de las tropas romanas. Los griegos sufrieron una brutal derrota y Pirro abandonó Italia para siempre. Roma gobernaba ahora todas las ciudades griegas del sur de Italia.

La primera guerra exterior de Roma fue contra Cartago, en un intento de hacerse con el control de las ciudades-estado griegas de Sicilia. En la primera guerra púnica (264-241 a. e. c.), Roma obligó a Cartago a abandonar Sicilia. Mientras luchaba contra Cartago, Roma también guerreó en Grecia continental por primera vez, cuando se introdujo en la enrevesada política de las guerras macedónicas.

Aníbal de Cartago había sorprendido a Roma cruzando los Alpes y abalanzándose sobre Italia desde su frontera septentrional. Mientras Aníbal causaba estragos en Italia, el rey Filipo V de Macedonia se alió con él para librar el Adriático oriental de la influencia romana. Aníbal estaba demasiado ocupado en Italia y Cartago para ayudar, pero Roma interceptó sus comunicaciones y se enteró de la alianza. Roma se alió entonces con la Liga Etolia de Grecia central contra Filipo V.

La Liga Etolia atacó Acarnania, en Grecia central, que se había aliado con Filipo. Los acarnanios iban ganando hasta que la armada romana navegó, capturó varias de sus ciudades y esclavizó a la población. Esparta se unió a la lucha, aliándose con la Liga Etolia y Roma, pero Filipo derrotó a los griegos aliados en el Peloponeso en el 209 a. e. c. Esto animó al rey Atalo a tomar el poder. Esto impulsó al rey Atalo I de Pérgamo a unirse a la Liga Etolia, y su armada se unió a Roma para patrullar el mar Egeo.

Pero cuando Bitinia invadió Pérgamo, Atalo tuvo que volver corriendo a casa. La guerra simultánea de Roma con Cartago lo obligó a desviar su armada del mar Egeo, lo que dio vía libre a Filipo para capturar ciudades en el golfo de Corinto. Cuando los aliados de Filipo mataron al tirano de Esparta, Macánidas, Esparta se retiró de la guerra, lo que permitió a Filipo expulsar a la Liga Etolia de Jonia y Tesalia. La Liga Etolia cedió ante Filipo, poniendo fin a la primera guerra macedónica en 205 a. e. c.

La segunda guerra macedónica comenzó en el año 200 a. e. c. con una conspiración clandestina entre Filipo V y el rey Antíoco del Imperio seléucida para robar el trono de Egipto. El macedonio Ptolomeo V había heredado el trono de Egipto a la edad de cinco años, y una serie de regentes chapuceros habían desestabilizado Egipto. Los dos reyes acordaron que, si su complot tenía éxito, Antíoco anexionaría Egipto al Imperio seléucida; Filipo obtendría Cirene y las posesiones egipcias en el mar Egeo.

Antíoco se puso inmediatamente manos a la obra y conquistó la costa mediterránea, apoderándose de las ciudades egipcias de Damasco, Sidón y Samaria. Los judíos abrieron de par en par las puertas de Jerusalén a Antíoco, celebrando su emancipación de Egipto, sin sospechar los horrores que su hijo infligiría algún día. Mientras tanto, Filipo conquistó la base naval egipcia de Samos y su territorio vecino en Mileto.

Roma finalmente aplastó a Cartago, poniendo fin a la tercera guerra púnica. Ahora tenía los barcos y los efectivos para centrarse en Grecia y Macedonia. Roma ordenó a Filipo que abandonara todas las agresiones contra los territorios griegos y egipcios. Si cumplía, podría retener Macedonia y Tracia. El embajador romano Lépido entregó personalmente el ultimátum a Filipo en los últimos días de su asedio a la ciudad de Abidos, que le daría el control de los Dardanelos.

El rey Filipo respondió a Lépido: «Perdono la ofensiva altanería de tus modales por tres razones: primero, porque eres un hombre joven e inexperto en los asuntos; segundo, porque eres el hombre más apuesto de tu tiempo [esto era cierto]; y tercero, porque eres romano»[14].

Abidos cayó en manos de Filipo. En lugar de enfrentarse a la esclavitud, los hombres mataron a sus esposas e hijos, arrojándolos desde los tejados o a los pozos, y luego los apuñalaron o quemaron hasta morir. Roma respondió enviando al cónsul Sulpicio para atacar a Filipo en el Epiro. Tras varios enfrentamientos, Filipo recibió la noticia de que los dárdanos del centro de los Balcanes estaban invadiendo Macedonia, por lo que partió inmediatamente en defensa de su país.

---

[14] Polibio, *Historias*, Libro 16.
http://www.perseus.tufts.edu/hopper/text?doc=Perseus%3Atext%3A1999.01.0234%3Abook%3D16%3Achapter%3D34

Filipo encontró la horma de su zapato en 198 a. e. c., cuando el nuevo cónsul de Roma, Tito Quincio Flaminino, lo desalojó de Grecia. Cuando marchaba a través de Albania de regreso a Macedonia, Flaminino sorprendió a Filipo con un ataque por la retaguardia, masacrando a dos mil de sus hombres. Al año siguiente, Filipo se enfrentó de nuevo a Flaminino en la batalla de Cinoscéfalas, en un valle de Tesalia cubierto por la niebla. Los hombres de Filipo oyeron el espeluznante sonido de las trompetas de los elefantes; era la primera vez que Roma utilizaba elefantes de guerra. Los macedonios, aterrorizados, podían oír las patas de los elefantes, pero no podían ver nada hasta que los elefantes cargaron contra ellos a través de la densa niebla. Los romanos mataron a ocho mil macedonios aquel día, y la segunda guerra macedónica terminó con la rendición de Filipo y la pérdida de su armada y su ejército.

Filipo V se enfrentó a los elefantes de guerra de Roma en la batalla de Cinoscéfalas
Bernard Picart, Dominio público; https://commons.wikimedia.org/wiki/File:Eleazars_exploit.jpg

Tras la muerte de Filipo, su agresivo hijo Perseo reunió al reino Odrisio de Tracia y a algunas de las ciudades-estado griegas prometiendo devolver a Grecia su antiguo dominio y esplendor. Instigó la tercera guerra macedónica (171-168 a. e. c.) conquistando el norte de Tesalia. Roma respondió enviando tropas a Tesalia, pero en la batalla de Calinico, los macedonios mataron a dos mil romanos y solo sufrieron cuatrocientas bajas macedonias.

Cuando los romanos arrasaron las cosechas de la región, Perseo atacó el campamento romano, capturando a los seiscientos romanos que quedaban y las provisiones romanas. No se dio cuenta de que el cónsul de Roma, Publio Licinio Craso, estaba en la zona hasta que Craso cargó con sus elefantes de guerra y la caballería númida, matando a ocho mil macedonios.

En otra trágica derrota en la costa de Macedonia, en el año 168 a. e. c., Perseo huyó de la batalla de Pidna, dejando atrás a sus hombres para que los romanos los masacraran o esclavizaran. Los romanos lo encontraron en la isla de Samotracia y lo llevaron a Roma. Lo pasearon por las calles antes de meterlo en prisión, donde pasó el resto de su vida. Roma dividió Macedonia en cuatro repúblicas.

En 146 a. e. c., la Liga Aquea del Peloponeso griego se rebeló contra su antiguo aliado, Roma, porque esta prohibía la expansión de su territorio. Roma aplastó a la principal fuerza griega en la batalla de Escarfia. La mayoría de los griegos se suicidaron o huyeron a Corinto, donde la batalla final destruyó la ciudad y los romanos se despojaron de sus valiosas esculturas y tesoros. El resto de las ciudades-estado reconocieron el dominio de Roma. Sin embargo, Grecia siguió influyendo en la filosofía, el arte, la literatura y la política de Roma durante siglos, difundiendo su cultura a medida que crecía la República romana (y más tarde el Imperio).

TERCERA PARTE:
Los periodos romano y bizantino (146 a. e. c.-1453 e. c.)

Capítulo 7: El mundo grecorromano y los primeros años bizantinos

¿Qué ocurrió con Grecia y los imperios helenísticos tras la caída de Roma? ¿Mantuvieron su cultura? ¿Por qué persistió la parte «griega» del Imperio romano hasta la Edad Media, cuando se derrumbó el Imperio romano de Occidente? ¿De qué manera influyó la nueva religión cristiana en el mundo griego y cómo permitió su difusión la lengua griega koiné?

Roma dominó el mundo griego durante cinco siglos; sin embargo, la civilización griega siguió teniendo un gran impacto en la cultura romana, al igual que había sucedido desde los primeros tiempos de Roma. Los griegos habían colonizado el sur de Italia en el siglo VIII a. e. c., más o menos al mismo tiempo que la fundación de Roma en el centro de Italia. Los romanos comerciaron con las ciudades-estado griegas del sur de Italia y, más tarde, con el resto del mundo griego, asimilando la cultura griega.

A lo largo de los siglos, los romanos integraron en su cultura la mitología, las ideas políticas, la filosofía, el arte y la arquitectura griegas. Los austeros romanos admiraban especialmente a los filósofos estoicos griegos, que desdeñaban los lujos frívolos y promovían la lógica y el autosacrificio. Los romanos se llevaron a Roma prisioneros de guerra griegos, muchos de los cuales eran muy cultos. Estos intelectuales griegos esclavizados enseñaban lengua y literatura griegas a los hijos de la élite romana. Un símbolo de estatus para la élite romana era saber leer y escribir en griego y tener conocimientos de los clásicos griegos.

Cuando Roma conquistó Corinto y otras ciudades griegas, transportó a Roma obras de arte y estatuas de valor incalculable, dañando gravemente las exquisitas piezas durante el transporte. Sin embargo, los romanos utilizaron el botín de guerra griego como modelo, estudiando y copiando las obras. Los griegos libres empezaron a trasladarse a Roma para trabajar como artistas o médicos, los cuales estaban muy solicitados. La mezcla grecorromana de cultura griega y romana se extendió por los territorios que Roma conquistó, desde Britania hasta Asia central.

Tras «liberar» a Grecia del dominio macedonio, Roma evitó en un principio el dominio directo sobre Grecia, permitiéndole autonomía política. Pero en 146 a. e. c., Roma arrasó Corinto como lección contra la rebelión y estableció la provincia romana de Macedonia, que inicialmente incluía el anterior país de Macedonia y la mayor parte de la actual Grecia. César Augusto (r. 27 a. e. c. a14 e. c.) separó la Grecia continental y las Cícladas de Macedonia, formando la nueva provincia romana de Acaya.

El reino helenístico del Ponto (actual Turquía occidental) se rebeló contra Roma en la primera guerra mitridática (89-85 a. e. c.). En mayo del 88 a. e. c., el rey Mitrídates ordenó una limpieza étnica de todos los romanos del Ponto, matando al menos a ochenta mil hombres, mujeres y niños el mismo día. Tomó el control de gran parte de Grecia e instaló a Aristión como tirano de Atenas. El cónsul romano Sila marchó sobre Grecia en el 87 a. e. c., y la mayoría de las ciudades griegas capitularon rápidamente. Pero Atenas se resistió, lo que dio lugar a un asedio de cinco meses que terminó con su caída el 1 de marzo del 86 a. e. c. Las calles de Atenas se llenaron de sangre mientras los romanos saqueaban e incendiaban la ciudad. Después de este horror, Grecia mantuvo cuidadosamente la sumisión con Roma.

Una vez que Grecia se sometió a Roma, disfrutó de dos siglos de relativa paz sin precedentes en la Pax Romana (paz romana, 27 a. e. c. al 180 e. c.). El dominio de Roma sobre un vasto territorio, que se extendía desde Oriente Próximo hasta Europa occidental, facilitó la estabilidad, el comercio próspero y el crecimiento demográfico. Fue una época en la que las artes, la literatura, la ciencia y la tecnología alcanzaron nuevas cotas, ya que personas de tres continentes interactuaban libremente e intercambiaban ideas.

Los romanos copiaron libremente el teatro, la escultura, la literatura, la filosofía y la retórica griegos, dando su propio giro a la cultura helenística, pero los griegos se mostraron en gran medida desinteresados en corresponderles. Aunque aprendieron a respetar el poder militar romano, se sentían culturalmente superiores. Sin embargo, una de las escasas contribuciones de Roma a la cultura griega fue la incorporación de espectáculos de gladiadores y animales salvajes a las Olimpiadas, hasta que el emperador Constantino (r. 306-337 e. c.) prohibió los espectáculos sangrientos[15].

La mayoría de los griegos no se convirtieron en ciudadanos romanos hasta 212 e. c., cuando Roma extendió la ciudadanía a todos los varones adultos libres del imperio en virtud de la *Constitutio Antoniniana*. Hasta entonces, Grecia y algunos de los antiguos imperios helenísticos, como Egipto, siguieron aplicando la ley griega en lugar de la romana. La arquitectura griega persistió durante todo el periodo romano. Por ejemplo, los atrios exteriores del templo de Herodes en Jerusalén eran de estilo corintio, aunque el santuario interior seguía las estipulaciones de la Torá[16]. Los edificios de Roma y de todo el imperio seguían el estilo de la Grecia clásica, pero con algunas innovaciones.

Varias religiones asiáticas y norteafricanas se extendieron por el mundo helenístico y más tarde repercutieron en el Imperio romano. En la época helenística, algunos griegos habían empezado a adorar a Isis, la diosa egipcia de la fertilidad, la maternidad y la curación, y el culto se extendió entonces por todo el mundo grecorromano. Los griegos asociaron al antiguo dios védico Mitra (Mithras), adorado por hindúes y persas, con Helios y Apolo. Pero los romanos convirtieron el culto a esta deidad en un culto clandestino, donde los iniciados se reunían en secreto en cuevas. El judaísmo se extendió; las sinagogas judías (palabra griega que significa «reunión») se diseminaron por las principales ciudades del mundo griego.

En el entorno grecorromano, hacia el año 30 de la era cristiana, surgió una nueva religión. El primer contacto de los griegos con el cristianismo se produjo en sus inicios. Jesús nació en Judea, que había formado parte del mundo griego durante más de tres siglos, desde que Alejandro Magno conquistó la tierra, y fue recibido por los sacerdotes judíos a las puertas de Jerusalén. El Talmud relata que el sumo sacerdote judío Shimon HaTzaddik pidió a Alejandro Magno que preservara el templo, y

---

[15] A. H. M. Jones, "The Greeks under the Roman Empire", *Dumbarton Oaks Papers* 17 (1963): 1-9. https://doi.org/10.2307/1291187.
[16] Jones, "The Greeks under the Roman Empire", 10.

Alejandro accedió a su petición[17].

Los judíos hablaban griego koiné y arameo. Cuando Jesús leyó el libro de Isaías en la sinagoga (Lucas 4:17-21), se trataba de la LXX (traducción de la Septuaginta al griego koiné), no del Tanaj hebreo[18]. Jesús y sus apóstoles citaban esta traducción griega más a menudo que la versión hebrea, y los apóstoles escribieron el Nuevo Testamento en griego koiné. El apóstol Juan comenzó su Evangelio con «Ἐν ἀρχῇ ἦν ὁ Λόγος» («En el principio era el Logos»)[19], que tenía un significado especial para los griegos. El filósofo griego Heráclito dijo que el Logos era el fuego invisible que impulsa los sistemas del universo. Leucipo decía que el Logos controlaba el movimiento de los átomos. La filosofía estoica enseñaba que el Logos era la razón divina universal de la que proceden la vida y el orden.

El apóstol Juan mencionó a griegos convertidos al judaísmo que viajaron a Jerusalén para la celebración de la Pascua, solicitando una audiencia con Jesús[20]. Los apóstoles de habla griega Pablo, Bernabé, Silas, Lucas y Timoteo llevaron el cristianismo a las ciudades-estado griegas de Asia, Grecia continental y Macedonia[21]. Cuando Pablo llegó a Atenas, debatió con los filósofos epicúreos y estoicos, citando el poema griego *Phaenomena* de Arato. «En él vivimos, nos movemos y somos... somos su descendencia»[22].

---

[17] Yoma 69a, *The William Davidson Talmud (Koren - Steinsaltz)*. https://www.sefaria.org/Yoma.69a.14?lang=bi&with=all&lang2=en
[18] Lucas 4:18, "Comentarios", *Bible Hub*. https://biblehub.com/commentaries/luke/4-18.htm
[19] Juan 1:1, "Biblia Interlineal", *Bible Hub*. https://biblehub.com/interlinear/john/1-1.htm
[20] Juan 12:20-21.
[21] Hechos 13-17.
[22] Hechos 17:18-33.

Pablo en Atenas, en la basílica católica de San Dionisio Areopagita. Pablo no fue uno de los doce apóstoles originales, pero se lo llama apóstol por su importancia en el cristianismo primitivo
George E. Koronaios, CC BY-SA 4.0 <https://creativecommons.org/licenses/by-sa/4.0>, vía Wikimedia Commons; https://commons.wikimedia.org/wiki/File:Depiction_of_Saint_Paul_in_Athens_on_June_7,_2022.jpg

La reacción de los griegos ante Pablo y sus seguidores fue variada. Algunos estaban interesados y querían saber más. Otros se rieron con desprecio. Dionisio, magistrado del Areópago, se convirtió y fue el primer obispo de Atenas[23]. En Éfeso, tanta gente se convirtió del politeísmo griego al cristianismo que los orfebres perdieron su negocio de venta de imágenes de culto, por lo que incitaron a una turba contra Pablo[24]. En

---

[23] Hechos 17:32-34.
[24] Hechos 19.

Chipre, se convirtió el procónsul romano Quinto Sergio Paulo[25]. En Macedonia, se convirtió una rica comerciante llamada Lidia[26].

Durante la vida de Pablo, surgieron iglesias cristianas en las principales ciudades del mundo griego. Diez libros del Nuevo Testamento son cartas escritas por Pablo a iglesias griegas o a obispos griegos, en las que citaba a los filósofos griegos Epiménides y Menandro[27]. Algunos cristianos murieron como mártires, ya que se los consideraba una afrenta a las creencias griegas tradicionales. En el año 60 a. e. c., el apóstol Andrés, hermano de Simón Pedro, fue crucificado en Patras. Bernabé fue lapidado hasta la muerte en Salamina.

La edad apostólica, la primera generación del cristianismo, fue seguida por el periodo anteniceno, que comenzó en el año 100 e. c. y continuó hasta el 325 e. c., cuando se reunió el Primer Concilio de Nicea. Los cristianos sufrieron varios periodos de intensa persecución por parte de líderes locales y varios emperadores, especialmente Nerón (r. 54-68), Valeriano (r. 253-260) y Diocleciano (r. 284-305). Los romanos consideraban el cristianismo un culto socialmente divisivo porque los cristianos monoteístas se negaban a someterse al panteón grecorromano de dioses o a reconocer al emperador romano como deidad. Los judíos también eran monoteístas, pero su religión era tan antigua que en general se les toleraba.

Cuadrado, obispo de Atenas, fue discípulo de los apóstoles originales. Cuando el emperador Adriano visitó Atenas en 124 e. c., Cuadrado presentó una explicación del cristianismo. Adriano respondió con una proclama favorable, afirmando que los cristianos no podían ser perseguidos por el mero hecho de serlo, sino solo si hacían algo ilegal. Sin embargo, tras la muerte de Adriano, la persecución volvió a surgir en algunas regiones del Imperio romano. Policarpo de Esmirna, que había sido educado por Juan el Apóstol, se negó a quemar incienso en adoración al emperador y fue quemado en la hoguera hacia el año 156 de la era cristiana. A pesar de la persecución, alrededor del 10% de la población del imperio era cristiana hacia el año 300 de nuestra era.

El emperador romano Diocleciano dividió el imperio en una tetrarquía (cuatro cogobernantes) bajo su autoridad. Trasladó su capital de Roma a Nicomedia (en la actual Turquía) y gobernó Turquía occidental, Siria,

---

[25] Hechos 13:6-12.
[26] Hechos 16:11-15.
[27] Tito 1:12, 1 Corintios 15:33.

Palestina y Egipto. Constancio administró Britania y la Galia, Máximo gobernó España, Italia y la costa noroccidental de África, y Galerio controló Grecia y el resto de la península balcánica.

Cuando Diocleciano cayó gravemente enfermo, Galerio lo expulsó de la tetrarquía, convirtiéndose en el gobernante principal. En 311 e. c. promulgó el Edicto de Tolerancia, que puso fin a la gran persecución de Diocleciano contra los cristianos. La tortura y la muerte no habían logrado disuadir al cristianismo, que seguía creciendo en vitalidad y número. En 313 e. c., la tetrarquía se había desmoronado y quedaban dos emperadores: Constantino (hijo de Constancio) y Licinio (amigo íntimo de Galerio). Juntos aprobaron el Edicto de Milán, que concedía a los cristianos y a todos los demás la libertad de seguir la religión de su elección.

La tregua entre los dos emperadores restantes se desmoronó en el 321 e. c. y se sucedieron una serie de batallas. En el 324 e. c., Constantino derrotó a la armada y al ejército terrestre de Licinio, pero le perdonó la vida, permitiéndole vivir como ciudadano privado en Tesalónica. Después de que Licinio intentara obtener el apoyo de los godos para recuperar el poder, Constantino mandó ahorcar a Licinio, convirtiéndose en el único emperador de Oriente y Occidente. Constantino reconstruyó la antigua colonia griega de Bizancio, donde Asia y Europa se unen en el estrecho del Bósforo, y la rebautizó Constantinopla. Su nueva capital representaba la unión de Oriente y Occidente.

Constantino reunió en Nicea a los líderes de las iglesias de Oriente y Occidente para limar asperezas sobre la doctrina de la Santísima Trinidad. Arrio, un sacerdote de Alejandría (Egipto), había estado enseñando que la existencia de Jesús comenzó en su nacimiento, lo que lo hacía desigual a Dios Padre, que era infinito. Sin embargo, la mayoría de los sacerdotes se aferraban al Evangelio de Juan, que dejaba claro que el Logos estaba con Dios en el principio y era el creador de todas las cosas[28]. El Primer Concilio de Nicea formó el Credo de Nicea, que aún se utiliza en diferentes formas en muchas iglesias cristianas:

> «Creo... en un solo Señor Jesucristo, Hijo unigénito de Dios, engendrado del Padre antes de todos los siglos; Luz de Luz, Dios verdadero de Dios verdadero, engendrado, no creado, de una misma esencia con el Padre, por quien todo fue hecho».

---

[28] Juan 1:1-5.

Tras la muerte del emperador Constantino, el Imperio romano atravesó un periodo de inestabilidad. En 364 e. c., Valentiniano se convirtió en emperador, gobernando el Imperio romano de Occidente desde Milán, Italia, y nombrando a su hermano Valente para gobernar el Imperio romano de Oriente. Gobernó desde Constantinopla. Valentiniano murió repentinamente de un ataque de ira, y sus dos hijos heredaron el Imperio romano de Occidente, mientras que Valente continuó gobernando Oriente. Pronto, Valente se enfrentaría a su mayor némesis: los godos, una tribu germánica nómada.

El mundo griego llevaba siglos defendiéndose de las tribus indoeuropeas que cruzaban los Alpes y se adentraban en el sur de Europa. Las tribus de habla celta habían aprovechado la desestabilización causada por la prematura muerte de Alejandro Magno para penetrar en Tracia, Iliria, Macedonia y la región que rodea el mar Negro. Ptolomeo Cerauno, hijo del primer faraón macedonio de Egipto, se había hecho con el trono de Macedonia, pero los celtas lo mataron, montando su cabeza en una lanza en 279 a. e. c.

Dirigidos por el rey Breno, ochenta mil galos de lengua celta invadieron Grecia en el 279 a. e. c. y atacaron los tesoros del templo de Apolo en Delfos. Una fuerza de coalición griega dirigida por el general ateniense Calipo corrió a defender la tierra sagrada, un santuario sagrado para todos los griegos. En una salvaje batalla en Delfos, Breno se suicidó tras ser herido, y los griegos expulsaron a los galos de Grecia. Los supervivientes galos se establecieron en la actual Turquía occidental, fundando el reino de Galacia.

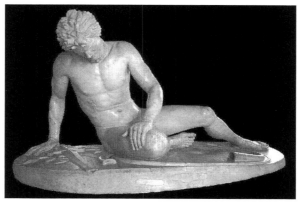

El Galo Moribundo es una copia romana de un original griego

Las tribus de habla germánica también comenzaron a emigrar hacia el este y el sur, llegando a los Balcanes antes del año 200 a. e. c. Pero la dinastía Antigónida de Macedonia (descendientes de Demetrio, hijo de Antíoco el Grande) les impidió cruzar el Danubio meridional. Siglos más tarde, una tribu llamada los hérulos emigró al mar Negro, navegando a lo largo de su costa septentrional mientras atacaban y conquistaban sus ciudades-estado griegas.

En 267 e. c., los barcos hérulos se dirigieron al sur de Grecia, a la península del Peloponeso, y atacaron Esparta, Corinto, Argos y Olimpia. En dirección a la península del Ática, saquearon Atenas y destruyeron los templos, la biblioteca y el tribunal del Ágora. Sin embargo, los hérulos dejaron intactas las zonas residenciales del norte y suroeste de Atenas, pareciendo solo interesados en saquear, no en asentarse en Grecia[29].

Un siglo más tarde, el emperador oriental Valente dirigió su ejército a Tracia y se enfrentó a diez mil godos germánicos. Los godos mataron a Valente en la batalla de Adrianópolis en 378 e. c., y la catastrófica guerra aniquiló a dos tercios del ejército del Imperio romano de Oriente, incluida la mayoría de sus comandantes. El emperador de Occidente nombró a Teodosio I, hijo de un héroe de guerra, nuevo emperador del Imperio romano de Oriente. En lugar de luchar contra los godos, Teodosio permitió que se establecieran en el imperio y los contrató como mercenarios.

Los Juegos Olímpicos de Grecia siempre habían sido un festival religioso dedicado a Zeus, con el sacrificio ritual de cien bueyes en el templo de Zeus seguido de una alborotada barbacoa. Los emperadores romanos apoyaron las Olimpiadas; Nerón incluso añadió concursos musicales y de interpretación al repertorio y se sumó a las competiciones. Por supuesto, ganó todas las competiciones a las que se presentó, incluso una carrera de cuadrigas en la que se cayó y no pudo terminar. Sin embargo, para desalentar el politeísmo tradicional griego, Teodosio prohibió los sacrificios de animales, lo que empañó las festividades olímpicas. No obstante, los juegos continuaron unos años más, hasta el reinado de Teodosio II (402-450 e. c.), que ordenó quemar el templo de Zeus.

---

[29] Lamprini Chioti, "The Herulian Invasion in Athens (267 CE): The Archaeological Evidence", *Destructions, Survival, and Recovery in Ancient Greece* (American School of Classical Studies at Athens: 16 de mayo de 2019).
https://www.academia.edu/39196609/The_Herulian_invasion_in_Athens_267_CE_The_Archae ological_Evidence

El Imperio romano de Occidente se desmoronó en pocas décadas, incapaz de resistir el implacable ataque de las tribus germánicas y los hunos de Asia Central. Mientras Roma sufría una terrible hambruna en el año 410, Alarico, rey de los godos occidentales, saqueó la ciudad. En 455, los vándalos, otra tribu germánica, volvieron a saquear Roma. En 475, los godos orientales obligaron al emperador occidental a abdicar y el Imperio romano de Occidente se derrumbó.

Grecia y el resto del Imperio romano de Oriente continuaron hasta que el Imperio otomano completó la conquista del Imperio bizantino en 1453. Los historiadores modernos se refieren al Imperio romano de Oriente como el Imperio bizantino por su capital Bizancio (rebautizada Constantinopla). El Imperio bizantino reinó durante más de un milenio y fue una potencia cultural, económica y militar. Con fronteras que retrocedían y avanzaban, también gobernó Egipto, Turquía y las zonas costeras del Mediterráneo occidental durante parte del tiempo que estuvo en el poder.

El Imperio bizantino en 476 e. c.
Fotografía modificada: se han añadido etiquetas. Crédito: Darylprasad, CC BY-SA 4.0
<https://creativecommons.org/licenses/by-sa/4.0>, vía Wikimedia Commons;
https://commons.wikimedia.org/wiki/File:Byzantium476.png

En 529 e. c., el emperador Justiniano I revisó el derecho romano en el Código Justiniano, que dio forma al sistema jurídico bizantino durante nueve siglos e incluso influyó en las leyes de la Grecia moderna. El cristianismo pasó a ser la religión del Estado y un requisito para la ciudadanía. La cultura helenística seguía siendo fuerte en el Imperio bizantino, y la filosofía griega daba forma a la teología cristiana. Sin embargo, los emperadores suprimieron el politeísmo. En 529, Justiniano I suprimió la financiación estatal de la Academia Neoplatónica, un renacimiento de la escuela original de Platón, que el dictador romano Sila destruyó en 86 a. C. Los eruditos de la academia llevaron sus pergaminos de filosofía, literatura y ciencia a Ctesifonte, en el actual Irak, y continuaron durante un siglo más a través de su dinastía sasánida.

Los griegos y los pueblos de los antiguos imperios helenísticos hablaban y escribían en griego koiné durante la época romana. El latín era la lengua administrativa oficial de todo el Imperio romano, pero en Oriente se utilizaba principalmente en el ejército y para algunas funciones administrativas. Cuando el Imperio romano de Occidente se derrumbó, el Imperio bizantino siguió utilizando el griego como «lingua franca» o lengua común. El emperador Heraclio (r. 610-641 e. c.) hizo del griego la lengua oficial del Imperio bizantino y la única para los asuntos gubernamentales. Para entonces, el griego koiné se había convertido en griego bizantino o griego medieval, un peldaño entre el griego koiné y el griego moderno. En la actualidad, el griego koiné sigue siendo la lengua litúrgica de la Iglesia ortodoxa griega.

Capítulo 8: Bizancio bajo la influencia griega

El viento agitaba los cabellos de Heraclio, de pie junto a la proa de su barco, a la que había fijado una imagen de la Virgen María. Observando el horizonte de Constantinopla desde el mar, pudo ver la cúpula de Santa Sofía y el palacio, ahora ocupado por el incompetente tirano Focas. Al acercarse su flota, el pueblo de Constantinopla derrocó inmediatamente a su opresor gobernante, que había torturado y ejecutado a todo aquel que consideraba una amenaza. El patriarca de Constantinopla coronó a Heraclio como nuevo emperador, con la esperanza de que pudiera rescatar al imperio de sus múltiples crisis.

Cuando el pueblo entregó a Focas, Heraclio preguntó:

—¿Es así como se dirige nuestro imperio?

—¿Puedes hacerlo mejor? —replicó amargamente Focas antes de ser cortado en pedazos.

Dar la vuelta al asediado Imperio bizantino fue un reto de enormes proporciones para Heraclio. Ocho años antes, en el 602 e. c., Focas había asesinado al emperador Mauricio, matado a su esposa y a sus tres hijas pequeñas, y usurpado el trono. Aprovechando el caos en Constantinopla, el Imperio persa sasánida invadió las provincias bizantinas de Armenia y Mesopotamia. En 608, los horrorizados ciudadanos de Constantinopla veían cómo los persas quemaban aldeas al otro lado del estrecho del Bósforo. Mientras tanto, la confederación ávara se adentraba en la península balcánica desde las actuales Ucrania, Rusia y Kazajstán.

Causaron estragos en Tracia y el norte de Grecia y exigieron el pago de tributos al Imperio bizantino.

La primera década del emperador Heraclio en la guerra contra Persia no fue bien. Los persas tomaron Antioquía y Damasco, y en 614 conquistaron Jerusalén, asesinando a más de cincuenta mil ciudadanos, entre ellos miles de monjas y sacerdotes. Quemaron las iglesias de la ciudad y capturaron la Vera Cruz, que se creía era aquella en la que murió Jesús. En 618 invadieron Egipto y conquistaron Alejandría. Egipto era la principal fuente de grano de Constantinopla, por lo que la ciudad se enfrentaba ahora a la hambruna.

Heraclio lanzó finalmente una exitosa contraofensiva en 622, marchando directamente hacia Irán e impeliendo a las fuerzas persas a regresar para defender su patria. Derrotó a las tropas persas de forma aplastante antes de regresar a casa para defenderse de los ávaros que sitiaban Constantinopla. El patriarca reunió a los ciudadanos marchando alrededor de la muralla de Constantinopla, portando un icono de la Virgen María. Mientras tanto, Heraclio se reunió con el kan (rey) de los ávaros en Tracia para llegar a un acuerdo. En el camino, Heraclio escapó por poco de una emboscada de los ávaros. Se despojó de su túnica púrpura, se puso la corona bajo el brazo para que no lo reconocieran y regresó ileso a la ciudad.

Tras defender con éxito su capital, Heraclio condujo a su ejército de vuelta a Asia en 627, obteniendo una aplastante victoria en la batalla de Nínive, que duró once horas. Los persas, descontentos, derrocaron a su rey y coronaron a su hijo, que inmediatamente ofreció condiciones de paz. El Imperio bizantino recuperó sus territorios asiáticos y africanos, y los persas devolvieron la Vera Cruz.

El Imperio bizantino reinó como uno de los imperios multicontinentales más extensos del mundo en un milenio de intrigas palaciegas, guerras en múltiples frentes y controversias religiosas. Los habitantes del imperio nunca lo llamaron Imperio bizantino; en sus mentes, seguía siendo el Imperio romano. Sin embargo, el Imperio romano de Occidente se había derrumbado, y Roma no estaba dentro de las fronteras del Imperio romano de Oriente, ni ejercía poder sobre Oriente. Por ello, los eruditos del Renacimiento lo rebautizaron como Imperio bizantino, aunque culturalmente era un estado predominantemente griego. El Imperio bizantino dejó un rico y duradero legado de arquitectura, arte, literatura y cristianismo ortodoxo oriental místico. Su imaginativo arte abstracto con temas espirituales reflejaba las diversas culturas que adornaban el imperio de los tres continentes.

Este mosaico del siglo VI de Jesucristo Pantocrátor («todopoderoso») en Santa Sofía refleja el característico arte religioso del Imperio bizantino

Edal Anton Lefterov, CC BY-SA 3.0 <https://creativecommons.org/licenses/by-sa/3.0>, vía Wikimedia Commons; https://commons.wikimedia.org/wiki/File:Jesus-Christ-from-Hagia-Sophia.jpg

En 610 e. c., el mismo año en que Heraclio ascendió al trono bizantino, un hombre en una cueva de Arabia experimentaba visiones. Mahoma reunió seguidores y acabó conquistando La Meca. Mientras Heraclio luchaba fructíferamente contra los persas, Mahoma conquistó toda Arabia. Tras la muerte de Mahoma en 632, sus apasionados seguidores islámicos iniciaron una guerra santa para difundir su nueva religión, y el Imperio bizantino estaba en su punto de mira.

Los musulmanes comenzaron con incursiones en la frontera de Palestina, lo que no era nada nuevo. Sin embargo, Heraclio se tomó en serio la amenaza y permaneció en Asia. Pero su edad y su débil salud le impidieron comandar personalmente a sus tropas. Las celosas tropas musulmanas tomaron Palestina, Transjordania, Siria y Egipto. Heraclio retrocedió y fortificó Anatolia (Turquía) contra la marea islámica, mientras los árabes se volvían hacia el este y aplastaban el Imperio persa sasánida.

A la muerte de Heraclio en 641, el Imperio bizantino había perdido toda Asia excepto Anatolia, pero aún conservaba el norte de África al oeste de Egipto. España se había perdido, pero el Imperio bizantino conservaba las antiguas colonias griegas del sur de Italia y las islas de todo el Mediterráneo. El imperio dominaba las regiones costeras de Grecia y los demás territorios balcánicos, pero los ávaros y los eslavos controlaban una vasta franja del centro de la península balcánica.

Sorprendentemente, aunque superado en número por las fuerzas del califato árabe, el Imperio bizantino impidió que se apoderara de más territorio. El nieto de Heraclio, Constancio II, reestructuró el ejército, repartiéndolo en unidades por todo el imperio. En lugar de recibir un salario, los soldados recibían tierras de labranza procedentes de antiguas propiedades imperiales. Durante los tres siglos siguientes, el Imperio bizantino recuperó sus territorios balcánicos, duplicó su población y se hizo fantásticamente rico y poderoso. Los rusos, serbios y armenios se convirtieron al cristianismo ortodoxo oriental[30].

A pesar de llamarse a sí mismo «romano» y gobernar desde una ciudad en la intersección de Europa y Asia, el Imperio bizantino se transformó en una potencia cultural helenística gracias a la difusión de la lengua y la cultura griegas. El arte, la arquitectura, la literatura, el teatro y la lengua helenísticos se desarrollaron en el Renacimiento bizantino, que duró de los siglos IX al XI. Los eruditos estudiaron a Platón y otros filósofos griegos antiguos, incorporando sus ideas a la teología cristiana.

Anna Comneno, médica, administradora de hospitales e hija del emperador del siglo XII Alejo I Comneno, escribió la *Alexíada*, crónica de la primera cruzada. Educada a fondo en los clásicos griegos, las ciencias y la retórica, escribió su historia en el dialecto griego ático de Atenas con un estilo de poesía épica que reflejaba a Homero y Jenofonte. La obra transmitía la alarma generada en Constantinopla por los cruzados de Europa occidental que marchaban a través del Imperio bizantino en su camino hacia la emancipación de Jerusalén[31].

---

[30] Warren Treadgold, "The Persistence of Byzantium", *The Wilson Quarterly* 22, no. 4 (1998): 76-7. http://www.jstor.org/stable/40260386.
[31] Romilly J. H. Jenkins, "The Hellenistic Origins of Byzantine Literature", *Dumbarton Oaks*

Al acoger la cultura helenística, el Imperio bizantino desempeñó un papel fundamental en la conservación de la filosofía, la literatura y el arte griegos clásicos. La cultura griega dio forma al Imperio bizantino, que, a su vez, transmitió la cultura griega a Europa occidental y al mundo islámico[32]. Los colonos griegos de las épocas arcaica y clásica influyeron notablemente en la región sobre la que gobernaba el Imperio romano. Más tarde, los imperios helenísticos de Alejandro Magno y sus sucesores dejaron su impronta en Europa oriental, Asia occidental y el norte de África. A medida que Roma perdía importancia, las ciudades helenísticas de Antioquía, Alejandría y Pérgamo se convirtieron en centros culturales.

A pesar de la incompatibilidad inherente del politeísmo griego con el cristianismo monoteísta, el Imperio bizantino fusionó la cultura helenística con la Iglesia ortodoxa oriental. Lo hicieron con cautela. Por ejemplo, el obispo Basilio de Cesarea, del siglo IV, animaba a sus alumnos a explorar la literatura y la filosofía griegas, pero a rechazar todo lo que contradijera al cristianismo. Los teólogos cristianos encontraron paralelismos entre la ética y la filosofía de Platón y las enseñanzas de Cristo[33].

Los monjes bizantinos, como Besarión, del siglo XV, que estudió el neoplatonismo en Grecia, copiaron y conservaron los textos de los antiguos filósofos griegos. Besarión tradujo la *Metafísica* de Aristóteles y los *Memorabilia* de Jenofonte e intentó reconciliar a Platón y Aristóteles con el cristianismo. Los alumnos del Imperio bizantino estudiaban a Homero como fundador de la literatura y recibían clases de retórica y filosofía griegas, que se consideraban esenciales para una educación completa.

La literatura bizantina representaba una continuación de la antigua tradición griega y reproducía los estilos literarios de Luciano, Homero y Heródoto. Los monjes bizantinos que recopilaron, tradujeron, copiaron y estudiaron la lengua y la literatura griegas salvaguardaron estas extraordinarias obras hasta bien entrado el Renacimiento. Estas obras conservadas influyeron en los pensadores renacentistas y en la política revolucionaria siglos más tarde.

Papers 17 (1963): 37-52. https://doi.org/10.2307/1291189.

[32] Anthony Kaldellis, *Hellenism in Byzantium: The Transformations of Greek Identity and the Reception of the Classical Tradition*, (Cambridge: Cambridge University Press, 2007), 11.

[33] Rakesh Mittal, *Hellenism and the Shaping of the Byzantine Empire*, Marquette University, 2010.

https://epublications.marquette.edu/cgi/viewcontent.cgi?article=1001&context=jablonowski_award

En la *Dialéctica*, el monje del siglo VIII, Juan de Damasco, comentó los Analíticos previos de Aristóteles, que tratan del razonamiento deductivo. La obra de Juan empleaba la lógica griega para tratar las controversias que sacudían a la Iglesia en torno a la naturaleza de Cristo. Aristóteles enseñó que, si ciertos principios son conocidos como hechos, podemos hacer deducciones a partir de ello. Juan de Damasco utilizó este proceso deductivo para abordar los argumentos teológicos.

El erudito griego clásico y monje árabe-cristiano Juan de Damasco
https://commons.wikimedia.org/wiki/File:John-of-Damascus_01.jpg

En el siglo IX, Focio, patriarca de Constantinopla, escribió *Amphilochia*, que incluía un comentario sobre las *Categorías* de Aristóteles y su concepto de sustancia y teoría de la predicación. El monje y sabio del siglo XI Miguel Psclo reintrodujo el estudio de Platón y escribió *De Omnifaria Doctrina*, que trata de las *Categorías* y los *Analíticos Previos* de Aristóteles. Psclo estaba tan absorto en la filosofía griega que sus amigos empezaron a dudar de su fe cristiana.

En los primeros tiempos del Imperio bizantino, las únicas ciudades con más de 100.000 habitantes eran Alejandría, Antioquía y Constantinopla. Esta última era la más grande, con unos 400.000

habitantes en su apogeo. A pesar de la prosperidad urbana, cerca del 90% de la población del Imperio bizantino eran campesinos analfabetos que se ganaban la vida con dificultad, lo que era típico de la sociedad medieval. Aun así, durante la mayor parte de su historia, el Imperio bizantino eclipsó a Europa occidental con su eficiente gobierno y su economía diversificada[34].

¿Cómo sobrevivió el Imperio bizantino casi mil años después de la caída del Imperio romano de Occidente? Una de las razones fue la economía. El Imperio romano de Occidente se enriqueció gracias a las conquistas, pero una vez que dejó de ganar territorio, el flujo de riqueza se redujo a un goteo. Aunque el Imperio bizantino obtuvo cierta riqueza con la conquista del Imperio persa, los costos de la guerra, que duró décadas, redujeron su impacto. La economía bizantina giraba en torno al comercio marítimo. Los griegos habían comerciado y colonizado alrededor del Mediterráneo, el Egeo y el mar Negro desde la era arcaica, y su vasto comercio marítimo continuó con el Imperio bizantino.

La antigua Troya se había enriquecido inimaginablemente reinando sobre los estrechos que unían los mares Egeo y Negro. La situación estratégica de Constantinopla le permitía controlar el tráfico marítimo entre ambos mares. Las otras dos grandes ciudades —Alejandría y Antioquía— estaban situadas en el Mediterráneo, donde el comercio marítimo era muy rentable. Alejandría se encontraba en un brazo del Nilo que desembocaba en el mar. Antioquía, en Siria, estaba en una isla del río Orontes, cerca del Mediterráneo. Tras la caída de Antioquía en manos de los árabes en el 637 e. c. y de Alejandría en el 641 e. c., Tesalónica, en el norte de Grecia, a orillas del mar Egeo, adquirió importancia y se convirtió en la segunda ciudad del imperio.

La ciudad de Constantina estaba situada en una península de forma triangular rodeada de agua por tres de sus lados. El mar de Mármara estaba al sur, el Cuerno de Oro al norte, el estrecho del Bósforo al este y Grecia y Tracia (Bulgaria) al oeste. El Bósforo conectaba el mar Negro con el mar Egeo y era la línea fronteriza entre Europa y Asia. La ubicación de Constantinopla la posicionaba para un rico comercio marítimo y un lucrativo comercio terrestre intercontinental.

---

[34] Treadgold, "The Persistence of Byzantium", 69-70.

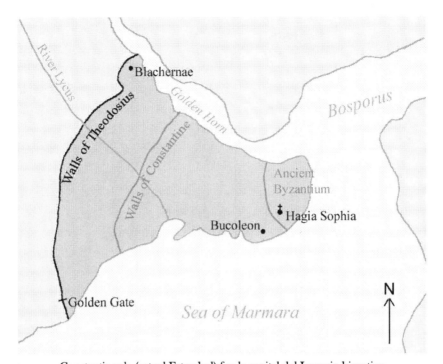

Constantinopla (actual Estambul) fue la capital del Imperio bizantino

Jniemenmaa, CC BY-SA 3.0 <http://creativecommons.org/licenses/by-sa/3.0/>, vía Wikimedia Commons; https://commons.wikimedia.org/wiki/File:Constantinople.png

Cuando Constantino amplió y transformó la antigua ciudad griega de Bizancio en Constantinopla, construyó una nueva muralla. Se extendía desde el mar de Mármara hasta el estuario del Cuerno de Oro, protegiendo la ciudad de invasiones por tierra. Trajo de Roma obras de arte y esculturas de incalculable valor. Constantino necesitaba gente para llenar su fastuosa nueva ciudad, así que sedujo a los nobles con concesiones de tierras y comida gratis para la clase trabajadora.

El emperador bizantino técnicamente tenía un poder casi ilimitado. Sin embargo, necesitaba el reconocimiento y el favor de sus ciudadanos y del patriarca de Constantinopla. Si se convertía en un déspota tiránico, corría el riesgo de ser derrocado, como le ocurrió a Andrónico I Comneno en 1185 e. c. tras dos años de gobierno. La Iglesia esperaba que los emperadores cumplieran sus normas morales. Aunque ninguno se acercó a ello, el patriarca de Constantinopla no era tan proclive a excusarlos como el papa romano. Algunas obras de arte religioso bizantino mostraban a los emperadores ardiendo en el infierno[35].

---

[35] Treadgold, "The Persistence of Byzantium", 70-71.

Al igual que en Roma, los emperadores bizantinos trabajaban con un senado. Sin embargo, a diferencia de Roma, los senadores no pertenecían a la élite, sino que eran militares que habían ascendido en el escalafón. El gobierno bizantino seguía el imperio de la ley, pero el emperador podía cambiar las leyes. A pesar de ser jerárquica, un aspecto fascinante de la sociedad bizantina era que permitía la movilidad ascendente. Una prostituta podía convertirse en emperatriz, como Teodora, la esposa de Justiniano I, y un campesino sin educación podía llegar a emperador, como Basilio I.

Las habilidades de Basilio para ganar combates de lucha libre y domar caballos rebeldes llamaron la atención del emperador Miguel III. El emperador nombró a Basilio su guardaespaldas y confidente, y lo casó con su amante Eudóxia, que estaba embarazada de León, el hijo de Miguel. Cuando nació León, en 866 e. c., Miguel nombró a Basilio su coemperador menor para que su hijo con Eudóxia fuera de «legítimo» nacimiento real. A Miguel le salió el tiro por la culata cuando Basilio lo asesinó al año siguiente. Como emperador menor, Basilio ascendió automáticamente al trono. Sorprendentemente, fue un emperador competente. Reconquistó las antiguas ciudades-estado griegas del sur de Italia, derrotó al califato árabe y reescribió el código legal del Imperio bizantino.

La Iglesia ortodoxa griega, como se la conocía tras su cisma de Roma en el siglo XI, influyó profundamente en el gobierno y la cultura del Imperio bizantino. Entonces se llamaba Iglesia ortodoxa «griega», no porque estuviera solo en Grecia o fuera para griegos, sino porque el griego koiné era la lengua litúrgica. Hoy en día, el nombre «Iglesia ortodoxa griega» se refiere a las iglesias ortodoxas de Grecia o de los griegos de todo el mundo y forma parte de la Iglesia ortodoxa oriental (o Iglesia católica ortodoxa).

El emperador bizantino nombraba al patriarca (arzobispo mayor) de Constantinopla y tenía autoridad para destituirlo. A partir del siglo IV, el patriarca de Constantinopla ocupaba el segundo lugar de honor entre los arzobispos, después del papa en Roma. La Iglesia bizantina era conocida por su monacato, en el que hombres y mujeres, a menudo de la nobleza, abandonaban sus lujosas vidas para vivir como ascetas en monasterios y conventos.

Este mosaico de la emperatriz Teodora, esposa de Justiniano I, se encuentra en la basílica de San Vitale (construida en 547 e. c.) en Rávena, Italia

Los monjes se dedicaban al culto comunitario y a la erudición en las bibliotecas de textos antiguos de los monasterios. Los monjes y monjas también se ocupaban de los huérfanos, los ancianos, los necesitados y los enfermos. La emperatriz Teodora, esposa del emperador Justiniano I (r. 527-565), había sido prostituta antes de casarse. Tras convertirse en emperatriz, compró y emancipó a niñas vendidas para la prostitución, enviándolas a un convento que fundó para que pudieran aprender un oficio con el que mantenerse.

Una fuerte controversia que sacudió a la Iglesia ortodoxa, especialmente en el siglo VIII de nuestra era, fue la cuestión de los iconos: imágenes de Jesús, la Virgen María y los santos. Estas estatuas y pinturas habían sido parte integrante del culto en Roma y en la Iglesia ortodoxa oriental. Pero el emperador León III y otros consideraron que los iconos eran esencialmente ídolos y los prohibieron en 730. Luego de 57 años, la emperatriz Irene se convirtió en gobernante de facto como regente de su hijo de diez años. Organizó el Séptimo Concilio Ecuménico de Nicea, que volvió a legalizar los iconos. La decisión fue anulada en 815, pero la emperatriz Teodora, viuda del emperador Teófilo, restableció la veneración de las imágenes en 843.

Santa Sofía se terminó de construir en el año 537 de la era cristiana. Los otomanos añadieron los minaretes

Foto ampliada. Crédito: Dennis Jarvis de Halifax, Canadá, CC BY-SA 2.0
<https://creativecommons.org/licenses/by-sa/2.0>, *vía Wikimedia Commons*
https://commons.wikimedia.org/wiki/File:Turkey-3019_-_Hagia_Sophia_(2216460729).jpg

Isidoro de Mileto, un brillante arquitecto y científico griego, y Antemio, otro arquitecto griego y maestro de la geometría euclidiana, diseñaron la catedral de Hagia Sofia (Santa Sofía). Encargada por el emperador Justiniano I y terminada en 537 e. c., Hagia Sofia (la Iglesia de la Santa Sabiduría) fue la catedral más grande del mundo durante casi mil años. Un terremoto dañó la cúpula en 558, y el sobrino de Isidoro la

93

reconstruyó, haciéndola más alta y resistente a los sismos. Cuando los otomanos conquistaron Constantinopla en 1453, la convirtieron en mezquita. La Santa Sofia, del siglo VI, sigue adornando Estambul en la actualidad.

Capítulo 9: Los últimos años de Bizancio

—¡Teodora! No me queda mucho tiempo de vida y tenemos que resolver la sucesión. —Constantino VIII se levantó sobre un codo en su cama—. No tengo hijos, así que debes casarte con Romanos Argyros. Solo así será aceptado como nuevo emperador.

—¡No puedo casarme con Romanos! —Teodora se paseaba agitada de un lado a otro.

—¿Por qué no? Serás la nueva emperatriz.

—¡Padre! Está casado. Al menos lo estaba hasta que lo obligaste a divorciarse de su esposa y enviarla a un convento. No provocaré el juicio de Dios casándome con él. Además, Romanos es mi primo. Estamos demasiado emparentados para casarnos.

—¡Oh, Teodora! —Constantino suspiró y se dejó caer sobre la almohada—. Vuelve a tu devoción religiosa, y envíame a tu hermana. Veré si Zoe se casa con Romanos.

Zoe, la hermana de Teodora, se casó con Romanos, y Constantino murió al día siguiente, convirtiendo a la pareja en el nuevo emperador y emperatriz en 1028. Teodora escapó del drama palaciego recluyéndose en un monasterio. Tras seis años, infelices en su matrimonio, Zoé y su joven amante Miguel ahogaron a Romanos en su bañera y se casaron el mismo día. Sobornaron al patriarca de Constantinopla para que coronara a Miguel como nuevo emperador y adoptaron al sobrino de Miguel, Miguel Calafates, ya que no tenían ningún hijo que heredara el trono.

Cuando el emperador Miguel murió seis años después, Miguel Calafates se convirtió en emperador y desterró a Zoe a un monasterio. Pero el pueblo de Constantinopla se rebeló y envió a Miguel al exilio. Recuperaron tanto a Teodora como a Zoe de sus respectivos monasterios. Y así fue como el Imperio bizantino pasó a estar gobernado por dos emperatrices, no como regentes o esposas, sino por derecho propio.

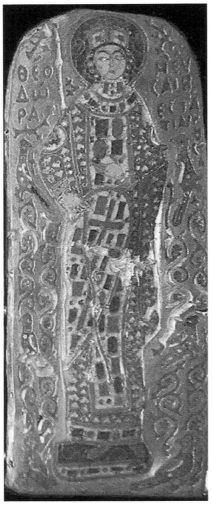

Teodora Porfirogéneta fue coemperatriz con su hermana Zoe y luego gobernó como emperadora única

Aunque indignada por haber sido expulsada a la fuerza de su amado monasterio, Teodora fue una emperatriz diligente. Zoe se casó rápidamente con un antiguo amante, Constantino Monómaco. Los tres gobernaron el imperio; sin embargo, su negligencia en el ámbito militar dejó al imperio vulnerable ante el imperio selyúcida turco-persa. Tras la muerte de Zoe en 1050 y de Constantino en 1055, la guardia imperial proclamó a Teodora «emperadora». Teodora reinó como única emperadora del Imperio bizantino durante veinte meses, hasta su muerte.

La historia de la Iglesia dio un giro dramático durante el reinado conjunto de Teodora y su cuñado Constantino. El papa romano León III excomulgó al patriarca de Constantinopla, Miguel Cerulario, en el Gran Cisma (1054 e. c.). Las Iglesias de Oriente y Occidente llevaban siglos disputándose complicadas cuestiones religiosas, como la forma de celebrar la Santa Comunión y la redacción exacta del Credo de Nicea. La Iglesia de Oriente pensaba que los sacerdotes podían casarse, y la Iglesia romana creía que debían ser célibes.

Luego estaba la cuestión de quién tenía el poder supremo. El papa Nicolás I (de 858 a 867 e. c.) afirmaba que su dominio se extendía por toda la tierra. Ahora que Roma era un remanso y Constantinopla la ciudad europea más grande y poderosa, Constantinopla afirmaba que su patriarca era igual al papa. Para empezar, Constantinopla era una teocracia, con su emperador actuando como «virrey de Dios» e «intérprete de la Palabra de Dios»[36].

Las tensiones entre Roma y Constantinopla llegaron a un punto de ebullición en 1054, cuando Roma excomulgó al patriarca de Constantinopla Miguel Cerulario. Constantinopla respondió excomulgando al papa romano y a sus representantes en julio de 1054, aunque León había muerto tres meses antes y aún no se había elegido un nuevo papa. A pesar de los intentos de cerrar la brecha, a partir de ese momento la Iglesia cristiana se dividió en dos facciones autónomas.

A esta crisis siguió la invasión de los turcos selyúcidas en 1071. La batalla de Manzikert, en Anatolia (Turquía), acabó en catástrofe: los turcos diezmaron la mayoría de las tropas profesionales del Imperio bizantino y capturaron al emperador Romanos IV Diógenes. El sultán Alp Arslan, del Imperio selyúcida, hundió el pie en el cuello del emperador.

—¿Qué harías si yo estuviera en tu lugar? —preguntó el sultán.

—Tal vez matarte. O hacerte desfilar por las calles de Constantinopla.

El sultán sonrió.

[36] Steven Runciman, *The Byzantine Theocracy: The Weil Lectures, Cincinnati* (Cambridge: Cambridge University Press, 2004). ISBN 978-0-521-54591-4.

—Te impongo un castigo más severo. Te perdono y te dejo libre[37].

Durante la semana siguiente, Romanos cenó con Alp Arslan mientras negociaban los términos de la rendición. Romanos aceptó pagar 1,5 millones de piezas de oro como rescate y un tributo anual de 360.000 piezas de oro. El emperador ofreció a su hija en matrimonio al hijo del sultán y este le proporcionó un salvoconducto para regresar a Constantinopla. Las cosas no iban tan bien en casa. La familia Doukas había dado un golpe de estado; capturaron a Romanos a su regreso y le sacaron los ojos. Romanos murió poco después a causa de las heridas infectadas.

Dos décadas más tarde, la primera cruzada partió de Europa occidental para recuperar Jerusalén y otros lugares santos del control islámico. Aunque seguía a la zaga del Imperio bizantino, Europa occidental se estaba recuperando de su Edad Media, en la que se produjo un declive económico y cultural tras la caída del Imperio romano de Occidente. El Imperio bizantino había perdido muchos territorios en Anatolia, Siria y Palestina a manos de los turcos selyúcidas, por lo que el emperador Alejo Comneno pidió ayuda al papa Urbano II.

Habían pasado cuarenta años desde el Gran Cisma y las tensas relaciones entre la Iglesia ortodoxa griega y la Iglesia católica romana continuaban. Sin embargo, tanto la Iglesia de Oriente como la de Occidente estaban preocupadas por el hecho de que los turcos selyúcidas, que se habían convertido al islam suní un siglo antes, controlaban ahora Tierra Santa. Y no solo Tierra Santa; el imperio selyúcida se extendía desde la cordillera del Hindú Kush en Afganistán hasta el Mediterráneo y desde el mar Negro en el norte hasta el golfo Pérsico. El emperador Alejo quería recuperar las tierras perdidas y proteger la parte europea del imperio de los turcos.

El papa Urbano II pensó que ayudar al Imperio bizantino y recuperar Tierra Santa podría reunir a las dos iglesias con él al mando. En 1095, convocó a los cristianos de Europa a marchar hacia el este para defender a los bizantinos de los turcos y retomar Jerusalén. Ciudadanos de a pie y ejércitos profesionales, animados por el celo religioso, marcharon a través del Imperio bizantino hacia Constantinopla en 1096, su punto de partida hacia Asia. El emperador bizantino Alejo y su pueblo, aunque agradecieron su ayuda para recuperar el antiguo territorio del Imperio

[37] R. Scott Peoples, *Crusade of Kings* (Rockville, MD: Wildside Press LLC, 2013), 13. ISBN 978-0-8095-7221-2

bizantino, se sintieron desconcertados por las decenas de miles de europeos occidentales armados que se reunían en su capital. Además, los soldados habían saqueado libremente las granjas a su paso por tierras bizantinas.

Una representación del siglo XIII de Godofredo de Bouillon al frente de la primera cruzada
https://commons.wikimedia.org/wiki/File:Krizaci.jpg

Alejo exigió a todos los cruzados que le juraran lealtad, confirmando que los cruzados devolverían a su imperio cualquier territorio bizantino que hubieran recuperado. Alejo no comandó las fuerzas occidentales, ni muchos bizantinos se unieron a ellas, pero el imperio proporcionó apoyo logístico. Los soldados de la primera cruzada (1095-1099) reconquistaron las antiguas ciudades griegas de Nicea, Edesa y Antioquía. Finalmente, en 1099, retomaron Jerusalén, masacrando a miles de musulmanes en el proceso.

Casi cincuenta años después, la segunda cruzada se puso en marcha tras la reconquista de Edesa por los selyúcidas, que mataron y esclavizaron a sus ciudadanos cristianos. El rey Luis VII de Francia y el rey Conrado III de Alemania dirigieron sus fuerzas en 1147, pero sus esfuerzos por retomar Edesa y Damasco acabaron en un abyecto fracaso. En 1187, Jerusalén cayó en manos de Saladino, un musulmán suní de ascendencia kurda y sultán de Siria y Egipto, lo que llevó al papa León III a convocar la tercera cruzada.

Los cruzados se dirigieron al este, liderados por Ricardo Corazón de León, rey de Inglaterra, Felipe II de Francia y Federico I Barbarroja, emperador del Sacro Imperio Romano Germánico. El rey Federico dirigió primero sus fuerzas en 1190, pero murió ahogado en un río de Turquía. Los franceses e ingleses llegaron por mar en 1191 a tiempo para ayudar a un caballero francés, Guy de Jerusalén, en un exitoso contraataque contra Saladino en Acre, en el norte de Israel. Al fracasar los términos de la rendición, el rey Ricardo decapitó a 2.700 prisioneros musulmanes y Saladino mató a todos sus prisioneros cristianos. Finalmente, Ricardo y Saladino acordaron un tratado que permitía el paso seguro de los peregrinos cristianos que viajaban a Tierra Santa.

Las cruzadas permitieron al Imperio bizantino recuperar la mayor parte de sus posesiones a lo largo de la costa oriental del Egeo, ricas ciudades-estado que habían sido establecidas por los griegos dos milenios antes. Sin embargo, el Imperio bizantino siguió descuidando su ejército y dejó que los cruzados de Europa occidental lucharan en su nombre. Los europeos occidentales que pasaban por Constantinopla tomaron nota de la asombrosa riqueza de la ciudad, su débil ejército y su inestable monarquía.

Y entonces, sucedió. En lugar de luchar contra los turcos, los cruzados se volvieron contra el Imperio bizantino y atacaron Constantinopla. Todo comenzó con una serie de golpes de Estado a partir de 1183. Andrónico I Comneno, que había estado seduciendo princesas por toda Europa y Asia, se volvió de repente contra su primo de trece años, el emperador Alejo II, usurpando su trono. Andrónico mató sin piedad al niño, a su madre y a miles de europeos occidentales que vivían en Constantinopla.

El caótico reinado de Andrónico terminó dos años después, cuando los ciudadanos de Constantinopla se rebelaron. El emperador intentó huir con su esposa y su amante (sí, ambas) en barco, pero fue capturado, torturado durante tres días, asesinado y abandonado sin enterrar. Un pariente lejano, Isaac II Ángelo, se convirtió en emperador en 1185 y logró rechazar al rey normando Guillermo II de Sicilia, que había invadido los Balcanes. Cuando se inició la tercera cruzada, algunos de los cruzados saquearon asentamientos bizantinos, un ominoso anticipo de lo que estaba por venir. Sin embargo, Isaac no logró apuntalar sus fuerzas terrestres ni su flota naval, que se había reducido a solo treinta barcos.

En 1195, el hermano de Isaac, Alejo Ángelo, dio un golpe de estado. Cegó a Isaac, lo arrojó a un calabozo y usurpó el trono. Alejo III vació el tesoro del estado, repartiendo sobornos para asegurar su posición. Saqueó las tumbas de los antiguos emperadores y aplastó a sus ciudadanos con pesados impuestos. El imperio estaba en una situación desesperada, con los húngaros, los búlgaros, los valacos rumanos y los turcos selyúcidas lanzando incursiones desde el norte y el este.

Isaac II seguía en el calabozo, pero su hijo, Alejo IV Ángelo, se acercó a los soldados que se reunían en Venecia para la cuarta cruzada. Llegó a un acuerdo: si lo convertían en el nuevo rey del imperio y se deshacían de su tío, Alejo III, pondría fin al Gran Cisma con Roma y financiaría su cruzada. En 1203, los cruzados sitiaron Constantinopla y quemaron parte de la ciudad. Aunque los hombres de Alejo III superaban en número a los cruzados, este tuvo miedo de luchar y escapó a Tracia.

Los ciudadanos de Constantinopla recuperaron a Isaac II del calabozo. Lo vistieron de púrpura, pero como era ciego, los cruzados insistieron en que Alejo IV fuera el nuevo emperador. Alejo necesitaba pagar a los cruzados, pero descubrió horrorizado que su tío había vaciado las arcas del Estado. Fundió iconos de oro y plata de las iglesias, pero solo pudo reunir la mitad de la cantidad que había prometido a los cruzados. Enfurecidos por la profanación de sus estatuas sagradas, los ciudadanos de Constantinopla se echaron a la calle en violentas protestas. El usurpador Ducas Murtzouphlos aprovechó el caos existente apresando y estrangulando a Alejo IV. Isaac II murió casi al mismo tiempo, y Murtzouphlos fue coronado Alejo V.

Los cruzados estaban furiosos por no haber recibido la totalidad del dinero prometido y por el asesinato del rey que habían instaurado. El papa Inocencio III les ordenó que *no* volvieran a atacar Constantinopla, pero los sacerdotes que acompañaban a los cruzados hicieron caso omiso de su orden. En abril de 1204, los cruzados cruzaron el Bósforo y saquearon Constantinopla durante tres días, saqueando obras de arte de valor incalculable, violando a monjas y asesinando a sacerdotes ortodoxos. Profanaron la catedral de Santa Sofía, destruyendo antiguos textos sagrados y bebiendo vino de las copas de la Santa Comunión.

Tras la caída de Constantinopla, los europeos occidentales conquistaron rápidamente el norte de Grecia, Tesalia y Tracia. La mayoría de los griegos de los territorios conquistados huyeron a los tres estados que seguían en poder de los bizantinos. El «Imperio de Nicea» se extendía desde el mar Egeo hasta el mar Negro. El yerno de Alejo III, Teodoro Láscaris, fue coronado en 1205. Nicea se convirtió en la nueva sede patriarcal de la Iglesia ortodoxa. El segundo estado bizantino que quedaba era el Despotado de Epiro, en la costa adriática, que gobernaba el noroeste de Grecia y una parte de Tesalia. En la costa suroccidental del mar Negro se encontraba el tercer estado, el Imperio de Trebisonda, que había sido capturado por los nietos del antiguo emperador Andrónico.

En Nicea, Teodoro I se enfrentó inmediatamente a un ataque de Balduino, el primer emperador de la actual Constantinopla latina. Teodoro sufrió una amarga pérdida de territorio a lo largo de la costa del mar Negro. Sin embargo, los griegos que permanecieron en Tracia se aliaron con el zar Kaloján de Bulgaria. En 1205, atacó al ejército del emperador Balduino, capturando al emperador, que murió en prisión. En 1241, los territorios latinos del antiguo Imperio bizantino se habían reducido a poco más que la ciudad de Constantinopla. El emperador Juan Vatatzés de Nicea estaba preparando el terreno para retomar Constantinopla. Con los búlgaros distraídos por los mongoles que llegaban de Asia, puso Tesalónica y Epiro bajo su control.

Tras la muerte de Vatatzés, su hijo, Teodoro II Láscaris, continuó incompetentemente su búsqueda hasta que murió cuatro años más tarde de epilepsia. Un golpe de palacio llevó la corona a Miguel VIII Paleólogos, descendiente de las tres familias imperiales de Constantinopla. Gobernó como coemperador con Juan IV, el hijo de Teodoro, de siete años. En 1261, su general, Alejo Estrategópulo, se dirigía a Tracia cuando se enteró de que el ejército latino estaba lejos de Constantinopla atacando la isla de Dafnusia (isla de Kefken), en el mar Negro. También se enteró de la existencia de una puerta estrecha y desguarnecida en las murallas de Constantinopla y envió un pequeño destacamento de hombres a través de ella.

Superaron a los desprevenidos guardias y abrieron la puerta principal al ejército de Estrategópulo, que penetró en la ciudad desguarnecida. El emperador Balduino y la mayoría de los latinos escaparon a Eubea. Miguel fue coronado emperador de Constantinopla, pero cegó a su coemperador de Nicea, Juan IV, en su undécimo cumpleaños. El patriarca de Constantinopla excomulgó a Miguel por su crimen, pero la ceguera eliminó la capacidad de Juan para gobernar Nicea o Constantinopla.

Durante los dos siglos siguientes, los descendientes de Miguel —la dinastía de los Paleólogos— gobernaron el Imperio bizantino restaurado. Al principio, recuperaron gran parte de la gloria y el poder anteriores del imperio, pero repitieron algunos errores fatales: descuidaron su ejército y se enzarzaron en una brutal guerra civil. Esto dejó al imperio vulnerable ante los turcos otomanos, que tomaron la mayor parte de Anatolia en 1305.

En 1348, la peste negra llegó al Imperio bizantino: una pandemia de peste bubónica que provocaba enormes forúnculos linfáticos que brotaban por todo el cuerpo y supuraban pus sanguinolento. La gente vomitaba sangre y sus dedos de manos y pies, narices y labios se ennegrecían por la gangrena. La peste negra fue la pandemia más mortífera de la historia mundial y mató hasta al 90% de los infectados, a veces un día después de la aparición de los síntomas. Al menos un tercio de la población europea murió a causa de la peste negra, incluso más en las regiones costeras. Constantinopla, situada entre dos mares, sufrió terriblemente, al igual que las islas griegas y las ciudades costeras.

Finalmente, la peste se extinguió y Constantinopla siguió adelante a duras penas durante otro siglo antes de la conquista otomana. En los últimos años del imperio, comenzó a resurgir la antigua filosofía griega, en concreto, el pensamiento neoplatónico. El Imperio bizantino fue la única cultura postclásica del mundo que siguió hablando y escribiendo griego, lo que le dio acceso inmediato a la literatura helenística. El Imperio bizantino fue «un fascinante laboratorio de fusión, recepción, combinación y reinvención cultural e intelectual»[38].

Los bizantinos aplicaron la filosofía de Platón al nuevo mundo político que ya no era pagano, sino cristiano. Se dieron cuenta de que Aristóteles, Platón y otros filósofos griegos habían rechazado el concepto de dioses múltiples que pecaban tan flagrantemente como los humanos. Los textos de la dinastía de los Comnenos de Bizancio utilizaban términos aristotélicos para interpretar los conflictos históricos. La historia intelectual bizantina contextualizó el pensamiento griego clásico para adaptarlo a su entorno, y siguió conformando su visión del mundo. No se limitaron a utilizar la teoría neoplatónica y otras filosofías griegas para impulsar su agenda; estaban comprometidos con su verdad. El helenismo

---

[38] Anthony Kaldellis, *Hellenism in Byzantium: The Transformations of Greek Identity and the Reception of the Classical Tradition* (Cambridge: Cambridge University Press, 2007). https://www.cambridge.org/core/books/cambridge-intellectual-history-of-byzantium/introduction/6301574643465C8A8D0D73A01EA92AD1

y el cristianismo no eran necesariamente visiones del mundo en tensión, sino discursos paralelos.[39]

Constantinopla había resistido múltiples asedios a lo largo de los siglos gracias a estar rodeada de agua por tres de sus lados. Tres murallas y un foso protegían el lado occidental que daba a tierra. Sin embargo, el Imperio otomano islámico del oeste de Turquía estaba invadiendo Europa y ya había tomado Tracia, Serbia y Tesalónica. Los bizantinos frustraron dos ataques otomanos a Constantinopla en 1394 y 1422. Pero en 1453, el sultán Mehmed II bloqueó la ciudad, impidiendo cualquier ayuda que pudieran prestar los europeos occidentales.

Sección restaurada de las murallas de Constantinopla
es:User:Bigdaddy1204, CC BY-SA 3.0 <http://creativecommons.org/licenses/by-sa/3.0/>, vía Wikimedia Commons; https://commons.wikimedia.org/wiki/File:Walls_of_Constantinople.JPG

Constantinopla solo contaba con cinco mil combatientes y veintiséis barcos al mando del emperador Constantino XI para defenderse del enorme ejército otomano. Disponían de catapultas, pero los turcos contaban con una tecnología aún más novedosa: la Bombarda Turca, un cañón de seis metros de largo que podía lanzar piedras de cien kilos. Durante seis semanas, los turcos otomanos pulverizaron las murallas de Constantinopla, y el 29 de mayo de 1453, los otomanos inundaron la ciudad, matando al emperador Constantino. Saquearon la ciudad, matando a miles de personas. Esclavizaron a cincuenta mil habitantes. Los musulmanes convirtieron la catedral de Santa Sofía en mezquita y

---

[39] Kaldellis, *Hellenism in Byzantium.*

rebautizaron Constantinopla con el nombre de Estambul, que se convirtió en la capital del Imperio otomano.

Pero la antigua cultura griega persistió. Algunos eruditos griegos se habían marchado prudentemente cuando los otomanos atacaban las regiones circundantes. Otros pudieron escapar durante la caída de Constantinopla o inmediatamente después. Se dirigieron a Italia con valiosos manuscritos griegos de filósofos clásicos como Platón y Aristóteles, que fueron traducidos al latín. Los conocimientos de estos eruditos en astronomía, arquitectura, poesía, música y teoría política ayudaron a crear el Renacimiento temprano: el renacimiento de la cultura, el arte y la filosofía en Europa occidental.

CUARTA PARTE:
Historia griega nueva y moderna (1453 e. c. al siglo XX)

Capítulo 10: El dominio otomano y la guerra de independencia

—¡Domenikos! ¿Qué haremos con los *paidomazoma*? ¡Pronto vendrán!

—No te preocupes tanto, Philippa. Puede que no elijan a nuestros hijos.

—¡Se llevan a uno de cada cinco, Domenikos! Los chicos más fuertes y guapos. ¡Se llevarán a Nicolás! Sé que lo harán.

—Puede que no sea tan malo. —Domenikos trató de calmar a su esposa—. Lo entrenarán para luchar en los cuerpos de élite o para servir como funcionario. Tendría la oportunidad de una vida mejor.

—¡Domenikos! Lo obligarán a hacerse musulmán. ¿Y si lo castran y lo convierten en eunuco? ¡Y Agatha! Se está convirtiendo en una belleza. Se la llevarán a los harenes y no volverá a ver la luz del día.

Domenikos se aclaró la garganta.

—Si nos convertimos al islam, no se llevarán a nuestros hijos. No hace falta que nos convirtamos, nos convertiremos en criptocristianos. En nuestros corazones, seguiremos a Cristo.

Pero las lágrimas rodaron por las mejillas de Philippa.

—¿Estamos obligados a elegir entre nuestros hijos y nuestro Dios? ¡Temo por nuestras almas!

Grecia se desmoronó, poco a poco, ante el Imperio turco otomano en los cincuenta años siguientes a la caída de Constantinopla en 1453. Durante más de tres siglos, los griegos sufrieron brutales atrocidades y humillaciones bajo la ocupación otomana. Los otomanos obligaron a las comunidades cristianas a entregar una quinta parte de sus hijos como «tributo». Les prohibían llevar armas o viajar a caballo. Si una familia cristiana se convertía al islam y era descubierta practicando el cristianismo en secreto, era ejecutada. La economía de Grecia experimentó un declive, la alfabetización disminuyó y su población menguó.

El sultán Mehmed II y el patriarca Genadio II

Sin embargo, los musulmanes permitieron que la Iglesia ortodoxa continuara; incluso nombraron a los patriarcas. El sultán Mehmed II, el joven de veintiún años que había conquistado Constantinopla, entregó el bastón patriarcal a Genadio Scholarios, su elección para el nuevo patriarca ecuménico. Mehmed declaró al patriarca representante supremo de todos los cristianos ortodoxos griegos del Imperio otomano. El patriarca era responsable de que los cristianos respetaran la ley y era su máxima autoridad judicial, especialmente en lo relativo al derecho de familia y de sucesiones[40].

Parte de la justificación de Mehmed para devolver el poder al patriarca era mantener el cisma entre la Iglesia ortodoxa griega y la Iglesia católica romana. No quería que el papa de Roma dijera a los cristianos de su imperio lo que tenían que hacer. Sin embargo, el patriarcado desempeñó un papel fundamental en la formación del helenismo moderno en un cuerpo cohesionado y unificado, así como en la continuidad de la tradición intelectual griega. Los sacerdotes ortodoxos eran ahora esencialmente los líderes de las comunidades griegas, controlando las escuelas y los tribunales.

El conflicto entre el Imperio otomano y la República de Venecia por el control de los mares Egeo, Jónico y Adriático comenzó antes de la caída de Constantinopla. Los turcos obtuvieron una victoria decisiva en la batalla de Zonchio de 1499, la primera vez que utilizaron cañones en sus barcos. En la guerra otomano-veneciana (1537-1540), el sultán Solimán I se alió con Francia contra el emperador del Sacro Imperio Romano Germánico Carlos V. Planearon un ataque simultáneo contra Italia: Francia por el norte y los otomanos por el sur. Pero los franceses se distrajeron con los Países Bajos y no llegaron a Italia. Así que las fuerzas otomanas abandonaron Italia, navegaron hacia el Adriático y derrotaron a la alianza de estados europeos de la Liga Santa en la batalla de Préveza de 1538. Las guerras con Venecia se prolongaron durante casi dos siglos más; el Imperio otomano ganó todas menos una, mermando el territorio veneciano.

Durante los años de ocupación otomana, surgieron levantamientos y revueltas griegas, a menudo aprovechando las distracciones de los turcos en sus guerras con Venecia. A finales del siglo XIV, los hermanos Kladas, Epifani y Krokodeilos, lucharon por arrebatar al Imperio otomano la península griega del Peloponeso. Se aliaron con los venecianos y ganaron algunos territorios, sobre los que gobernó Epifani. Krokodeilos siguió dirigiendo guerrillas contra los turcos en el Peloponeso durante otros once años, hasta que fue capturado y desollado vivo.

Makarios Melissourgos, obispo del Peloponeso, conspiró con los españoles para instigar una insurgencia. España se había unido a una coalición promovida por el papa contra el Imperio otomano, que amenazaba el comercio marítimo en el Mediterráneo. La batalla de

---

[40] Constantinos Svolopoulos, "The Ecumenical Patriarchate in the Ottoman Empire (1453-1923): Adaptation and Change", *Journal of Modern Hellenism*. 17-18 (2000-2001): 107-110.

Lepanto de 1571, librada en el golfo de Patras, al oeste de Grecia, fue una victoria abrumadora (y poco frecuente) de las fuerzas de la coalición contra el Imperio otomano. Melissourgos y su familia siguieron dirigiendo incursiones rebeldes contra los otomanos en el Peloponeso, pero una vez que los europeos occidentales abandonaron la zona, huyeron a Italia.

La Sociedad de Amigos (*Filiki Eteria*) surgió en Odesa (Ucrania) en 1814 como una organización secreta para liberar a Grecia del dominio otomano y establecer un gobierno griego autónomo. Odesa era una antigua ciudad griega colonizada en la época arcaica. Muchos miembros eran «fanariotas» procedentes de ricas familias de comerciantes griegos de Constantinopla y Rusia. Otros miembros eran líderes políticos de Grecia o sacerdotes ortodoxos del extenso mundo griego. Un líder clave fue Aléxandros Ipsilantis, nacido en una noble familia griega de Constantinopla que huyó a Rusia cuando esta luchaba contra los turcos. Ipsilantis perdió el brazo derecho luchando por Rusia contra Napoleón Bonaparte, pero se dedicó a reclutar y entrenar combatientes, así como a recaudar fondos. Envió encendidas cartas a los centros helenísticos, recabando apoyo para la independencia griega.

Cuando los turcos otomanos conquistaron Grecia, los últimos resistentes huyeron a las escarpadas montañas antes que someterse al dominio islámico. Los otomanos nunca pudieron erradicarlos, por lo que estos *kleftes* (luchadores por la independencia) eran como la versión griega de Robin Hood y sus alegres hombres, que robaban a los recaudadores de impuestos otomanos. Sobrevivieron como bandidos, saqueando los asentamientos turcos en busca de ganado y bienes.

Sus filas crecían con los que huían de la opresiva pobreza o de acusaciones criminales, pero tenían un lado violento y oscuro. Eran propensos a las venganzas. Robaban tanto a griegos como a turcos y extorsionaban a las comunidades griegas a cambio de protección. A veces, los otomanos incluso los contrataban como «guardianes de la paz» o *armatostes* de una zona. Con el tiempo, las bandas de *kleftes* se convirtieron en los gobernantes locales de las regiones montañosas de Grecia.

Como el Imperio otomano prohibía a los cristianos griegos portar armas, los *kleftes* eran de los pocos griegos que tenían armas. Y lo que es más importante, tenían siglos de experiencia en la lucha y sabían cómo utilizar el escarpado terreno montañoso de Grecia a su favor contra los turcos. A medida que crecía el fervor nacionalista, lanzaban incursiones de guerrilla contra los otomanos, lo que levantaba la moral entre los griegos. Uno de sus jefes más poderosos era Dimitrios Makris, que se había iniciado en la Filiki Eteria y fue uno de los principales luchadores de la Revolución griega.

Dimitrios Makris, klefte y luchador por la libertad de Grecia
https://commons.wikimedia.org/wiki/File:Makris_Dimitrios_Greek_Fighter.JPG

Pero para hacer justicia a la Revolución griega, debemos empezar por el principio. Durante los siglos de ocupación otomana, los griegos se dedicaron principalmente a sobrevivir y apenas prestaron atención a su patrimonio cultural. Sin embargo, la literatura, la filosofía y el arte griegos desencadenaron el Renacimiento en Europa occidental. Esto generó la edad de la razón, con un nuevo discurso político que condujo a cambios radicales en Europa y en las colonias británicas de América. En el siglo XVIII, la admiración universal por la antigua cultura griega dio lugar a la Ilustración entre la intelectualidad griega, fomentando el fervor nacionalista. Incluso los europeos no griegos empezaron a cuestionar la miserable existencia a la que se habían visto reducidos los griegos en su patria.

Inspirados por su pasado clásico, los líderes de la Ilustración griega rechazaron inicialmente su historia bizantina «plagada de sacerdotes». Pero entonces, Constantine Paparrigopoulos, profesor de historia de la Universidad de Atenas, promovió una historia griega continua con vínculos desde la época arcaica hasta la historia moderna. Así, los pensadores de la Ilustración empezaron a centrarse en las glorias de la época bizantina, y en cómo esta preservó y desarrolló el pensamiento y el arte clásicos[41].

La ocupación turca y los ultraconservadores clérigos ortodoxos griegos habían aislado a Grecia de las revoluciones política, científica e industrial de Europa occidental y América. Sin embargo, ya en el año 800 a. e. c. los griegos habían colonizado el Mediterráneo, el mar Egeo, el mar Jónico y el mar Negro. Siempre habían sido comerciantes marítimos. A finales del siglo XVIII, los mercaderes griegos volvieron a desarrollar un imperio comercial que se extendía desde el Mediterráneo hasta la India, convirtiéndose en el mayor imperio comercial marítimo del mundo[42]. Los emigrantes que huían de los sistemas políticos y económicos griegos empezaron a seguir estas rutas comerciales y fueron más lejos, llegando a América en 1800. El movimiento de la Ilustración griega se extendió gracias a esta diáspora griega.

A medida que el Imperio otomano entraba en decadencia económica y militar, la clase comerciante griega se volvía cada vez más próspera. Sus interacciones con el mundo exterior los expusieron a ideas nuevas y revolucionarias. Con el apoyo de la diáspora y de los ricos comerciantes, Grecia tenía ahora el poder económico para financiar una guerra. La emperatriz rusa Catalina la Grande (r. 1762-1796) alentó las llamas nacionalistas de Grecia. Esperaba anexionarse la parte oriental del Imperio otomano, incluida Constantinopla, con un ataque simultáneo a los otomanos por parte de rusos y griegos. Pero cuando Rusia entró en guerra contra los otomanos en 1768, los griegos aún no estaban preparados para lanzar su propia revolución. Sin embargo, la guerra de Rusia y la Revolución francesa de 1789 avivaron el fuego del fervor revolucionario griego.

Rigas Feraios fue un escritor y editor que consiguió el apoyo de los kleftes y obispos ortodoxos griegos para la causa de una Grecia

---

[41] Richard Clogg, *A Concise History of Greece* (Cambridge: Cambridge University Press, 2021), 1-3.
[42] Clogg, *Concise History of Greece*, 4-6.

independiente. Escribió y publicó el himno patriótico «Thourios», que se convirtió en himno de la revolución:

«¿Habitaremos en cuevas, mirando solo a las ramas,

¿Abandonando el mundo en amarga esclavitud?

Mejor vivir una hora en libertad

Que cuarenta años en la esclavitud y la prisión».

La diáspora griega que se agrupó en Odesa (en la actual Ucrania) vivía en barrios griegos con sus propias iglesias, escuelas y teatros. Sus comerciantes comerciaban entre los asentamientos griegos del mar Negro y el Mediterráneo, al tiempo que reclutaban soldados y simpatizantes para la causa. Utilizaban un código. Cuando saludaban a alguien como «amigo», no era solo un saludo afectuoso, sino una indicación de pertenencia a la Filiki Eteria (Sociedad de Amigos). La «Gran Feria» se refería a la revolución, y «preparación para el mercado» significaba cuántos soldados estaban listos para luchar en una zona determinada[43].

En 1818, la Filiki Eteria se trasladó a Constantinopla bajo el liderazgo de Panagiotis Sekeris, un rico comerciante. Este ayudó a financiar la organización y presentó la pequeña sociedad a la élite griega de la capital otomana. La Eteria reclutó «apóstoles»: veteranos griegos que habían luchado en el bando ruso contra Napoleón. Enviaron a los apóstoles por todas las tierras griegas para reclutar y entrenar una fuerza militar.

El aristocrático Aléxandros Ipsilantis tomó el timón de la Filiki Eteria en 1820, incorporando al redil a sus hermanos y amigos de la acaudalada clase alta. Los líderes se reunieron en octubre de 1820 para elaborar el «Gran Plan»: cómo y dónde empezar la guerra de independencia. Primero consideraron comenzar la guerra en el Peloponeso el 15 de noviembre. Ipsilantis recapacitó y decidió lanzar la guerra desde el otro lado de la frontera rusa, en Moldavia y Valaquia, en primavera. Aunque dentro de las fronteras otomanas, estas tierras eran semiautónomas, en su mayoría cristianas, y estaban dirigidas por gobernadores cristianos sin guarniciones turcas. El príncipe de Moldavia, Michael Soutzos, era miembro secreto de la Filiki Eteria.

El 21 de febrero de 1821, Ipsilantis lanzó la revolución en Galati con el grito de guerra: «¡Luchad por la fe y la patria!». Ipsilantis cruzó un afluente del Danubio con 4.500 soldados griegos y de Europa del Este. Marcharon

---

[43] Mark Mazower, *The Greek Revolution: 1821 and the Making of Modern Europe* (New York: Penguin Press, 2021), 10-11.

a Bucarest, en Rumanía, donde Ipsilantis descubrió que había sobrestimado el apoyo ruso y rumano, a pesar de compartir la fe ortodoxa. El ejército otomano no tardó en cruzar el Danubio con treinta mil soldados y librar varias batallas contra las fuerzas griegas de Ipsilantis, superadas en número.

En Estambul (antigua Constantinopla), los otomanos respondieron a los levantamientos obligando al patriarca Gregorio V a excomulgar a los revolucionarios el Domingo de Pascua. Una semana después, los soldados turcos irrumpieron en la catedral de San Jorge durante la Divina Liturgia, sacaron al patriarca a rastras y lo ahorcaron en la puerta, dejando su cuerpo suspendido durante tres días. Ese mismo día, los otomanos comenzaron la ejecución en masa de obispos, sacerdotes, funcionarios griegos y comerciantes griegos en Constantinopla y Grecia, demoliendo iglesias por todo el imperio.

La batalla de Drăgășani, el 19 de junio, puso fin al conflicto en Moldavia cuando el comandante griego ebrio Karavias ordenó un ataque antes de que la mayoría de las fuerzas griegas hubieran llegado al campo. Solo 500 unidades de caballería cargaron y se retiraron rápidamente justo cuando el Batallón Sagrado de unos 350 estudiantes voluntarios marchaba. Solo sobrevivió un tercio, pero su sacrificio impulsó el movimiento de resistencia en el Peloponeso y Grecia central, donde estalló la revuelta el 25 de marzo.

Tras la debacle de Drăgășani, Ipsilantis huyó a Austria, donde el emperador Francisco II le sometió a arresto domiciliario durante siete años. Pero el Peloponeso del sur de Grecia ya se había anotado una importante victoria en la batalla de Valtetsi, el 12 de mayo de 1821. Una fuerza turca de cinco mil hombres atacó el pueblo de Valtetsi, donde se habían reunido varias compañías de revolucionarios griegos. Los griegos lucharon desde cuatro torres, con 80 a 350 hombres en cada una.

Mientras los turcos asediaban las torres, una fuerza griega de setecientos llegó y atacó su flanco, manteniendo una ventaja sobre los otomanos en una empinada ladera. Otro batallón griego entró cerca del final de la batalla de veinticuatro horas, cambiando completamente las tornas, y los griegos derrotaron a las fuerzas turcas. A finales de año, los griegos controlaban el centro de Grecia y el Peloponeso en el sur. En enero de 1822 declararon la independencia.

La batalla de Valtetsi, en el Peloponeso, fue la primera victoria griega decisiva
https://commons.wikimedia.org/wiki/File:Anagnostaras_by_Hess.jpg

La rebelión griega molestó a los jefes de Estado conservadores de Europa, que preferían mantener el statu quo. Sin embargo, muchos europeos aplaudieron la audacia de los griegos. Pastores y profesores recordaron a todos la rica herencia de la filosofía, la literatura y el arte griegos. Hombres de toda Europa, especialmente de Francia e Italia, se embarcaron hacia Grecia para luchar con los revolucionarios. Organizaciones griegas de Estados Unidos enviaron suministros y financiación. Consternada por la ejecución del patriarca Gregorio V, Rusia rompió relaciones diplomáticas con el Imperio otomano.

La isla de Creta siempre se había resistido al dominio otomano y, una vez que Grecia declaró su independencia, Creta también se rebeló. Mehmet Ali Pashá era el gobernador albanés de Egipto (parte del Imperio otomano), y el sultán Mahmud II le ofreció Creta si podía alinear a los cretenses y ayudar a combatir a los griegos. Mehmet Ali envió a su yerno y treinta barcos de guerra para someter Creta. Mientras tanto, Chipre (bajo control otomano) envió barcos cargados de suministros y mil chipriotas a Grecia para luchar. En julio de 1821, los otomanos tomaron represalias y ejecutaron al arzobispo de Chipre, Kyprianos, a otros tres obispos chipriotas y a todos los abades y monjes de Chipre.

Los isleños de habla albanesa del mar Egeo tripulaban la flota naval de los revolucionarios griegos, pero solían tener barcos mercantes en lugar de buques de guerra. Como el Imperio otomano les hacía sombra con buques de guerra más grandes y mejor armados, los griegos recurrieron a una antigua táctica: los buques de fuego. Llenaban pequeñas embarcaciones con materiales altamente inflamables. Una tripulación minúscula dirigía el navío hacia la flota otomana. En el último momento, prendían fuego al barco y escapaban en un pequeño bote que tiraban detrás de ellos. Cuando el viento o la marea eran favorables, el barco en llamas se dirigía hacia los barcos enemigos, incendiándolos y a veces explotando. Un buque incendiario logró volar el buque insignia del Imperio otomano, matando al comandante Kara Ali y a más de dos mil personas. Lamentablemente, algunos de los que murieron eran griegos capturados en Quíos y transportados al mercado de esclavos turco.

Un conflicto interno amenazó con hacer descarrilar la Revolución griega, al estallar una guerra civil entre los guerrilleros de las montañas y el general Theodoros Kolokotrónis, comandante en jefe griego en el Peloponeso. Tras dos guerras civiles, Kolokotrónis fue finalmente confirmado como comandante de la revolución. Aun así, las luchas internas los dejaron vulnerables ante los egipcios, quienes atacaron en nombre de los otomanos. Los egipcios causaron estragos en el Peloponeso y tomaron la antigua Atenas en 1827.

En abril de 1827, los griegos eligieron a Ioannis Kapodistrias como su *kyvernetes* o gobernador. Mientras tanto, las atrocidades turcas, la injerencia de Egipto y las esperanzas de promover sus propios intereses en la región convencieron finalmente a las potencias británica, francesa y rusa para que intervinieran. Después de que los turcos rechazaran la mediación, las fuerzas aliadas enviaron una flota naval a la bahía de Navarino, en el Peloponeso, el 20 de octubre de 1827. Allí estaba amarrada una flota naval turca y egipcia de 78 barcos, y los otomanos dispararon primero, lo que fue un acto suicida ya que los aliados tenían cañones de mayor alcance. Hundieron todos los barcos turcos y egipcios menos ocho. Las hogueras y el tañido de las campanas de las iglesias se extendieron por toda Grecia al difundirse la noticia de la aplastante victoria.

Kapodistrias, el primer gobernador de Grecia, llegó en enero de 1828 tras recorrer Europa para recabar apoyos. Cuatro meses después, Rusia declaró la guerra al Imperio otomano, obligándolo a luchar en dos frentes. Egipto se retiró de Grecia en 1828, y los griegos expulsaron rápidamente a las guarniciones otomanas que quedaban en el Peloponeso. En diciembre de 1828, los embajadores británico, francés y ruso elaboraron un protocolo para un Estado griego autónomo gobernado por un rey, pero bajo la autoridad del sultán otomano. Pero los griegos estaban descontentos con las fronteras propuestas, y el sultán Mahmud declaró que nunca concedería la independencia a Grecia.

El enfrentamiento final fue la batalla de Petra, en septiembre de 1829, en el centro de Grecia. Un ejército griego unificado (en lugar de bandas de guerrilleros) dirigido por Demetrios Ipsilantis (hermano menor de Aléxandros) obtuvo una gloriosa victoria, perdiendo solo tres hombres, pero matando a cien turcos y eliminando la presencia militar turca en Grecia. Los otomanos finalmente aceptaron un Estado griego autónomo, pero para entonces, británicos y franceses insistían en un Estado griego completamente independiente con un rey.

En mayo de 1832, Gran Bretaña, Francia y Rusia ofrecieron el trono griego al príncipe bávaro de diecisiete años Otón de Wittelsbach, descendiente de dos líneas reales bizantinas. Por primera vez en su historia, Grecia era un país unido e independiente, con un rey que gobernaba todo el territorio.

Capítulo 11: Grecia en el siglo XIX

De pie en el castillo de proa del HMS *Madagascar*, una gota de sudor goteaba de la sien de Otto, a pesar de la brisa marina. Contemplaba los pueblos que salpicaban la costa al pie de escarpadas montañas mientras la fragata remontaba el golfo Argólico en dirección a Nauplia. Lo acompañaban 42 barcos que transportaban al Cuerpo Auxiliar Bávaro: una fuerza de tres mil hombres enviada para sustituir a las tropas aliadas francesas que luchaban por mantener la paz en Grecia.

Cuando Otto nació, su abuelo, Maximiliano I, era rey de Baviera. Cuando tenía diez años, su padre, Luis I, ascendió al trono, y su hermano mayor se convirtió en príncipe heredero. Y ahora, las Grandes Potencias (Rusia, Gran Bretaña y Francia) habían ofrecido a Otón el recién creado trono de Grecia. No era su primera opción; habían elegido al príncipe Leopoldo de Sajonia-Coburgo y Gotha, pero este lo rechazó por la inestabilidad y pobreza de Grecia. La reticencia de Leopoldo era fundada: el asesinato del gobernador Kapodistrias en 1831 sumió al país casi en la anarquía.

La segunda opción de las Grandes Potencias era Otón, que tenía antepasados lejanos de la dinastía bizantino-griega de los Comneno. Nadie se molestó en consultar con Grecia. Otto no tenía edad suficiente para ser rey, por lo que un consejo de regencia de consejeros bávaros debía gobernar durante los años siguientes, hasta que cumpliera veinte años. Nunca había estado en Grecia, no hablaba el idioma y era católico romano, no ortodoxo griego. Había oído que en Grecia no había cerveza, así que llevó a su maestro cervecero bávaro.

Mientras el HMS *Madagascar* se acercaba a Nauplia, Otto se preguntaba si los griegos lo aceptarían. ¿Podría hacerlo? ¿Podría sacar a Grecia del caos y llevarla a la grandeza? Vio que miles de personas se congregaban en los muelles, y entonces se levantó una gran ovación. Otón respiró aliviado. Al desembarcar, un murmullo de entusiasmo recorrió la multitud al ver a su joven y apuesto rey. Asintieron con la cabeza cuando cambió su nombre por el helenístico «Otón y vistió ropas griegas, incluida la falda fustanella.

El primer rey de Grecia: Otto Friedrich Ludwig

Otón trasladó la capital de Grecia de Nauplia a Atenas, pero para entonces la antigua ciudad se había desintegrado en una aldea de varios centenares de casas. Inmediatamente se puso a trabajar en la restauración de Atenas, construyendo universidades, jardines, una biblioteca nacional, un palacio y un parlamento. Aunque Otón construyó hospitales y escuelas por toda Grecia, la adoración del pueblo se desvaneció rápidamente. Su consejo de regencia despreciaba la cultura griega, ya que pretendía imponer las costumbres bávaras y un gobierno autoritario sin griegos en los puestos clave. Intentaron suprimir los monasterios griegos. Y luego estaban los impuestos, más altos que los del Imperio otomano.

Cuando Otón cumplió veinte años en 1835, su consejo de regencia se disolvió, pero los bávaros siguieron ocupando los más altos cargos administrativos. El rey Otón los sustituyó por ministros griegos en 1837. A los veintiún años, Otón regresó a Baviera y se casó con la bella Amalia de Oldenburgo, de diecisiete años. Ella era luterana, pero cualquier hijo de la pareja sería bautizado en la Iglesia ortodoxa griega.

Amalia de Oldenburgo, reina de Grecia. Pintura de Karl Joseph Stieler
https://commons.wikimedia.org/wiki/File:Joseph_Karl_Stieler_-
Duchess_Marie_Frederike_Amalie_of_Oldenburg,_Queen_of_Greece.jpg

Al principio, la menuda, vibrante y juvenil reina encantó a los griegos con su entusiasta patriotismo hacia su país de adopción. Trabajó incansablemente para mejorar las condiciones sociales. Pero ella y Otón nunca tuvieron hijos. ¿Quién gobernaría Grecia si su rey no tenía hijos? Las mujeres griegas murmuraban: «Debe ser tanto bailar y montar a caballo lo que la hace estéril».

Otón se enfrentó a grandes desafíos como rey. El dominio otomano había empobrecido a Grecia, y los años de revolución la sumieron en una situación desesperada. Su terreno rocoso y montañoso, con precipitaciones irregulares, nunca había proporcionado suficientes tierras de cultivo para alimentar a una gran población. En el pasado, Grecia comerciaba con cereales con sus antiguas colonias del Mediterráneo y el mar Negro. Pero ahora tenía pocos fondos o bienes que intercambiar.

La mayor parte de la tierra cultivable estaba en manos de clanes poderosos como la familia Mavromichalis, que había asesinado al gobernador de Grecia, Kapodistrias. Las grandes potencias prestaban dinero para que Grecia sobreviviera, pero a cambio, sus tres legados en Atenas interferían en los asuntos políticos. En lugar de desaparecer gradualmente del panorama, las Grandes Potencias se insertaron cada vez más en la política griega.

Los griegos exigían una constitución y un poder legislativo que equilibraran la monarquía absoluta de Otón. Los problemas llegaron a un punto de ebullición en 1843, y los héroes de la guerra de Independencia griega se rebelaron. Insistieron en una constitución, el derecho al voto para todos los varones y la eliminación de los bávaros en el gobierno. Tras un golpe de estado incruento, Otón concedió a los griegos su constitución en 1844, y la mayoría de los bávaros se marcharon. Sin embargo, el derecho de voto universal tendría que esperar hasta el siguiente rey.

El siguiente dilema de los griegos se refería a los griegos de fuera de sus fronteras. Estos griegos vivían en tierras como Macedonia, Tracia, Epiro, las islas del Egeo, Chipre y Creta, que habían formado parte del mundo griego desde la antigüedad. Sin embargo, a mediados del siglo XIX, seguían bajo dominio otomano. La «Gran Idea» de los griegos era incorporar todos estos territorios al Estado griego, reviviendo el Imperio bizantino con Constantinopla como capital[44].

---

[44] Roumen Daskalov and Tchavdar Marinov, *Entangled Histories of the Balkans - Volume One: National Ideologies and Language Policies.* (Leiden, Brill, 2013), 200.

La guerra de Crimea (1853-1856) estalló cuando Rusia se apoderó de los territorios otomanos de Oriente Próximo y el Mediterráneo oriental. Gran Bretaña, Francia, Cerdeña y Turquía se lanzaron contra Rusia, y los griegos pensaron que era el momento oportuno para recuperar Tesalia y Epiro. Pero Gran Bretaña y Francia frustraron sus intentos. Rusia perdió la guerra y Grecia no recuperó ningún territorio.

Los griegos estaban descontentos con el gobierno autoritario del rey Otón, su destitución del primer ministro Konstantinos Kanaris y su falta de apoyo para invadir Tracia y el Epiro. Cuando él y la reina visitaron el Peloponeso en 1862, se produjo una rebelión y los griegos depusieron al rey Otón tras treinta años de reinado. En la mente de Otón, mientras él y Amalia embarcaban en un buque de guerra británico para su viaje a Alemania, su exilio no era permanente.

Sin embargo, los griegos estaban listos para un nuevo comienzo y querían al príncipe Alfredo de Gran Bretaña. Sin embargo, la reina Victoria tenía otros planes para su segundo hijo. Siguiendo la recomendación de las Grandes Potencias, los griegos eligieron a un príncipe danés de diecisiete años para convertirse en su nuevo rey: Jorge I. Era hijo del presunto heredero de Dinamarca, Cristián IX, que se convertiría en rey danés unos meses más tarde. Jorge I era descendiente lejano del emperador Isaac II Angelos del Imperio bizantino a través de su madre.

Aunque Jorge hablaba danés, inglés, francés y alemán, no sabía griego, pero lo dominó rápidamente. Los matrimonios de sus hermanos con familias reales europeas le proporcionaron una red estelar de alianzas que sirvieron a Grecia. Su hermana, Alexandra, se casó con el futuro rey Eduardo VII de Gran Bretaña, y su hermano mayor, Federico, se convirtió en rey de Dinamarca. Otra hermana, Dagmar, se casó con el hijo del zar ruso, Alejandro III, y se convirtió en la emperatriz María en 1881.

En 1863, poco después de que Jorge fuera coronado rey de Grecia en Copenhague, Dagmar le presentó a la gran duquesa Olga Constantinovna de Rusia, de doce años, con quien se casó cuatro años más tarde. Jorge era luterano, pero Olga era cristiana ortodoxa, lo que complació a sus súbditos griegos. Tuvieron ocho hijos y sus descendientes gobernaron Grecia hasta 1967. Su nieto, el príncipe Felipe, se casó con la princesa Isabel, más tarde reina Isabel II de Inglaterra.

Jorge I y Olga con la hermana de Olga, la gran duquesa Vera Constantinovna de Rusia

Como aún era menor de edad, el rey Jorge viajó a Grecia con dos consejeros daneses: su tío, el príncipe Julio, y el conde Guillermo Sponneck. En su primer año, pidió a la Asamblea griega que redactara una nueva constitución, que otorgaba el derecho de voto a todos los ciudadanos varones (las mujeres tendrían que esperar otros noventa años). En su segundo año, envió a su tío Julio de vuelta a Dinamarca al sorprenderlo intentando destituir a Sponneck. Sin embargo, Sponneck siguió desempeñando el cargo de consejero de Jorge durante otros doce años, aunque los griegos no lo apreciaban por su actitud grosera y etnocéntrica. Llegó a cuestionar que los griegos actuales fueran descendientes de los antiguos griegos clásicos.

Las siete islas jónicas del mar Jónico, situadas frente a la costa occidental de Grecia, ya habían sido colonizadas por los griegos en el siglo

IX a. e. c. La República de Venecia se hizo con el control de las islas en el siglo XIII, seguida de Venecia en 1797, Francia y, por último, Gran Bretaña. Pero los grupos nacionalistas griegos de las islas empezaron a presionar por la *enosis* (incorporación a Grecia). Finalmente, en 1864, las grandes potencias transfirieron la soberanía de las islas a Grecia, cumpliendo así la petición del rey Jorge I cuando subió al trono griego.

La isla de Creta fue colonizada por los minoicos hacia el año 3500 a. e. c. y fue la primera cultura de la Edad de Bronce del mundo griego. Los revolucionarios cretenses podían afirmar que Creta era y siempre había sido una parte intrínseca del mundo griego. Los cretenses se habían opuesto a la ocupación otomana, y ahora que el rey Jorge I se titulaba «Rey de los Helenos» (no solo de Grecia), declararon que Creta formaba parte del reino de los helenos.

De 1866 a 1869, la gran revolución cretense se ensañó contra los turcos. El holocausto de Arkadi, en noviembre de 1866, fue un ataque otomano al monasterio de Arkadi, cuartel general de los rebeldes. Cientos de mujeres y niños habían huido al monasterio en busca de seguridad cuando los otomanos comenzaron a asaltar sus aldeas. Pero cuando los rebeldes griegos se quedaron sin municiones, los gigantescos cañones de los turcos derribaron las puertas del monasterio en el segundo día de lucha.

La situación era desesperada. Si los cretenses se rendían, las mujeres serían violadas, los niños vendidos como esclavos y los hombres ejecutados. El abad pidió a los hombres que se retiraran a la bóveda del monasterio, donde estaba almacenada la pólvora, y que la hicieran explotar en cuanto las fuerzas turcas entraran. La explosión mató a unos 850 griegos, entre ellos la mayoría de las mujeres y los niños, y a más de 1.500 turcos.

El incidente provocó un apasionado alboroto en toda Europa y América, ya que los periódicos publicaron cartas del poeta francés Víctor Hugo describiendo la tragedia. La gente envió suministros a Creta y viajó hasta allí para ayudar en la lucha. El gran visir otomano Ali Pashá llegó a Creta en 1867 y reconquistó Creta sección por sección, pero concedió a los cristianos cretenses cierta autonomía local. En 1869, los rebeldes habían huido a Grecia o se habían sometido al dominio otomano.

Al comienzo del reinado de Jorge I, la nueva constitución instituyó un parlamento unicameral y suprimió el senado. El rey Jorge podía elegir a su primer ministro, convocar sesiones parlamentarias y disolver el parlamento si su gabinete aprobaba su decreto. Durante la primera década del reinado de Jorge I, su parlamento fue un desastre. Jorge ignoraba a la opinión pública cuando se trataba de elegir a su primer ministro y disolvía continuamente el parlamento.

Charílaos Trikoúpis, líder liberal del parlamento, publicó un manifiesto anónimo en el periódico de Atenas en 1874 titulado «¿Quién tiene la culpa?». Criticaba al rey Jorge por disolver con frecuencia el parlamento y permitir la existencia de múltiples partidos minoritarios. Recomendó el principio *dedilomeni* de confianza parlamentaria: antes de que un político pudiera ser nombrado primer ministro, debía contar con el apoyo mayoritario del parlamento. Creía que este sistema obligaría a las distintas facciones a colaborar. Una vez que Trikoúpis admitió ser el autor del artículo, el rey Jorge lo invitó a formar gobierno, declarando que solo nombraría primer ministro al líder del partido mayoritario del parlamento[45].

Grecia siguió adelante con la anexión de Tesalia y Epiro. Cuando Rusia y Turquía entraron en guerra en 1877, se presentó una oportunidad de oro. La hermana de Jorge, Dagmar, intercedió ante su suegro, el emperador Alejandro II de Rusia, pidiéndole que se aliara con Grecia en la guerra. Pero las otras dos grandes potencias, Gran Bretaña y Francia, no permitieron la participación de Grecia. Sin embargo, cuando Rusia ganó en 1878 y el Congreso de Berlín se reunió para fijar las nuevas fronteras, Grecia reclamó Tesalia, Epiro y Creta[46]. Los británicos y los franceses se mostraron favorables a la idea, pero los turcos otomanos conservaron Creta y concedieron Tesalia y una parte de Epiro a Grecia en 1881.

En 1897 estalló la guerra greco-turca de 32 días en Creta, que siempre había sido un hervidero de disidentes en el Imperio otomano. Al estallar los combates entre el Imperio otomano y Grecia, las grandes potencias rodearon la isla con sus barcos, intentando perturbar el conflicto. Alemania apoyaba a Turquía, lo que resultaba incómodo para el rey Jorge, ya que su hijo Constantino estaba casado con Sofía, hermana del káiser alemán. El príncipe heredero Constantino era el general de las fuerzas griegas cuando la lucha se extendió a Tesalia y Macedonia.

Esta fue la primera guerra de Grecia desde su revolución. No tenía ni hombres ni armas y perdió la mayoría de las batallas. Nicolás II de Rusia

---

[45] Richard Clogg, *A Short History of Modern Greece* (Cambridge: Cambridge University Press, 1979), 86.
[46] Clogg, *Modern Greece*, 89.

(hijo de Alejandro III) medió en un tratado de paz que obligaba a Grecia a pagar reparaciones de guerra a Turquía. Pero al año siguiente, las Grandes Potencias expulsaron a los otomanos e hicieron de Creta un estado autónomo. El hijo del rey Jorge, el príncipe Jorge, fue alto comisario del Estado cretense durante quince años, hasta que Creta pasó a formar parte formalmente de Grecia en 1913.

En 1913, el rey Jorge esperaba su Jubileo de Oro en octubre, celebrando cincuenta años como rey. Su intención era abdicar tras las ceremonias y que su hijo Constantino ocupara el trono. Pero el 18 de marzo, mientras disfrutaba de un paseo vespertino por Atenas, un enfermo mental le disparó por la espalda a quemarropa. El rey murió en el acto. Constantino I fue su sucesor y el primer rey griego nacido en Grecia. También fue el primer rey griego que ya era miembro de la Iglesia ortodoxa griega.

Aunque el rey Jorge I tuvo que hacer frente a múltiples desafíos, Grecia se estabilizó, ganó territorio y mejoró sus infraestructuras durante su largo reinado. En 1881 se inició la construcción del canal de Corinto a través del istmo de Corinto, que unía el golfo Sarónico y el golfo de Corinto: un atajo entre los mares Jónico y Egeo. Los antiguos griegos habían soñado con construir el canal, y el emperador romano Nerón inició las obras en el año 67 de la era cristiana, cavando el primer cesto lleno de tierra. Pero murió varios meses después y la construcción se detuvo. Los griegos terminaron el canal en 1893. Hoy en día lo siguen utilizando embarcaciones menores, aunque en octubre de 2022 se cerró temporalmente a causa de unos desprendimientos de tierra catastróficos.

El rey Jorge también revivió los Juegos Olímpicos, inaugurando las primeras Olimpiadas modernas en 1896 en el Estadio Panathinaikó de Atenas. El príncipe heredero Constantino fue presidente de su comité organizador y recaudó los fondos necesarios para albergar los juegos. El Estadio Panathinaikó fue construido en mármol en el año 144 de la era cristiana, y el empresario George Averoff pagó 920.000 dracmas (alrededor de un millón de dólares) por su restauración[47]. El estadio sigue utilizándose hoy en día y sirvió de sede olímpica en 2004.

Grecia había estado aislada del Renacimiento durante la dominación otomana, salvo las islas Jónicas y Creta, que habían estado bajo control europeo durante parte del tiempo. La escuela cretense y la escuela

---

[47] David C. Young, *The Modern Olympics: A Struggle for Revival* (Baltimore: Johns Hopkins University Press, 1996), 128.

heptanesa de Jonia asimilaron la revolución artística europea y combinaron tradiciones orientales y occidentales. El Greco (Doménikos Theotokópoulos) se formó en la escuela cretense.

Durante los reinados de los dos primeros monarcas griegos en el siglo XIX, el país experimentó un florecimiento de las artes. Los artistas griegos estudiaron a menudo en Múnich y dieron un giro al Romanticismo, incorporando los paisajes, la historia y los ideales revolucionarios de Grecia. Las obras de esta época muestran emociones crudas y teatralidad. Las pinturas históricas muestran el heroísmo y los sacrificios de la Revolución griega. En la segunda mitad del siglo XIX, los temas históricos dieron paso a las representaciones de la vida cotidiana y la naturaleza.

Capítulo 12: Grecia en el siglo XX

Las guerras de los Balcanes, que encendieron la mecha de la Primera Guerra Mundial, estallaron tras años de tensiones latentes entre los eslavos y otros grupos étnicos del Imperio otomano. Preocupadas por el polvorín balcánico y por la posibilidad de que una revolución desequilibrara el resto de Europa, las grandes potencias europeas utilizaron su poder diplomático para sofocar las aspiraciones de una revuelta.

Pero Grecia también había sufrido bajo el Imperio otomano, y su pueblo sentía camaradería por los que seguían luchando por la independencia en los Balcanes. En 1912, Grecia y los estados eslavos formaron en secreto la Liga Balcánica, integrada por Bulgaria, Serbia, Grecia y Montenegro. La alianza representaba a distintos grupos étnicos que habitualmente luchaban entre sí, pero unieron sus fuerzas contra Turquía mientras esta estaba distraída con la invasión de Libia por Italia.

El 5 de octubre de 1912, primer día de la guerra, el teniente griego Dimitrios Kamberos realizó un vuelo de reconocimiento sobre Tesalia: la primera misión de aviación militar de la historia. En el plazo de un mes, la alianza balcánica conmocionó al mundo al expulsar a las fuerzas otomanas del sureste de Europa. Las grandes potencias se lanzaron a recuperar el control y convocaron a todos en Londres para fijar las nuevas fronteras de los Balcanes. Finalmente, tras 63 reuniones, el 30 de mayo de 1913 se firmó un tratado que ponía fin a la primera guerra de los Balcanes.

Los búlgaros estaban descontentos. Serbia y Grecia habían aplastado las esperanzas búlgaras de hacerse con la mayor parte de Macedonia al decidir conservar los territorios que sus propias fuerzas habían conquistado. Exactamente un mes después, Bulgaria incitó la segunda guerra de los Balcanes lanzando un ataque sorpresa contra Grecia y Serbia. Bulgaria acabó siendo atacada por todos los flancos cuando el Imperio otomano volvió a la carga y Rumanía invadió las fronteras septentrionales de Bulgaria.

La guerra terminó en seis semanas y, esta vez, los actores, en lugar de las Grandes Potencias, negociaron el Tratado de Bucarest. Turquía recuperó Tracia en Bulgaria y Serbia se quedó con el norte de Macedonia. Grecia obtuvo el sur de Epiro y Macedonia, las islas del Egeo y el control formal de Creta, que duplicó su tamaño. Las guerras de los Balcanes se caracterizaron porque el submarino griego *Delfin* lanzó el primer ataque con torpedo del mundo (aunque sin éxito) contra un buque de guerra: el crucero ligero otomano *Mecidiye*[48].

La Primera Guerra Mundial estalló en 1914 después de que un nacionalista serbio, Gavrilo Princip, matara a tiros al príncipe heredero de Austria-Hungría, Francisco Fernando, y a su esposa, Sofía. Austria-Hungría declaró la guerra a Serbia, y muchas otras naciones se sumaron a ella. Las Potencias Centrales (Alemania, Austria-Hungría, Bulgaria y el Imperio otomano) se enfrentaron a las Potencias Aliadas (Gran Bretaña, Francia, Rusia, Italia, Rumanía, Canadá, Japón, Estados Unidos y, finalmente, Grecia).

El tratado de Grecia con Serbia al final de las guerras balcánicas prometía asistencia militar mutua en caso de ataque de un tercero. Pero como la tercera parte se refería a Bulgaria, el primer ministro Elefthérios Venizélos abogó por permanecer neutral a menos que Bulgaria se involucrara. Si eso ocurría, cosa que Venizélos consideraba probable, promovía la adhesión a las Potencias Aliadas.

Pero el rey Constantino I y sus ministros de Asuntos Exteriores pensaban que Alemania y las Potencias Centrales ganarían la guerra y no querían estar en el bando perdedor. Además, el rey había asistido a la universidad en Alemania, se había entrenado en el Ejército Imperial Alemán y se había casado con Sofía, la hermana del káiser alemán. Sin embargo, su madre, Olga, vivía en su Rusia natal, que luchaba contra Alemania. Constantino se encontraba en una posición incómoda y quería mantenerse totalmente al margen de la guerra.

---

[48] E. R. Hooten, *Prelude to the First World War: The Balkan Wars 1912-1913* (Gloucestershire: Fonthill Media, 2014).

El primer ministro Venizélos y el rey Constantino I

En septiembre de 1915, Bulgaria invadió Serbia, por lo que el primer ministro Venizélos movilizó a las tropas griegas para cumplir su tratado. Al necesitar más hombres, Venizélos pidió a los franceses que enviaran tropas adicionales, lo que hicieron. Pero Venizélos no consiguió aclarar el asunto con el rey y el parlamento; en consecuencia, el rey Constantino lo destituyó. Alexandros Zaimis se convirtió en el nuevo primer ministro, e informó a Serbia de que Grecia no podía ayudar.

El rey Constantino y el parlamento intentaron desesperadamente mantenerse neutrales en la guerra, pero aun así sufrieron. Los aliados bloquearon la entrada de carbón y trigo en Grecia y se apoderaron de las islas griegas de Lesbos y Corfú. Los franceses tomaron el fuerte griego de Dova Tepe, en la frontera entre Macedonia y Grecia. Dos semanas más tarde, las columnas germano-búlgaras atacaron y tomaron la fortaleza griega de Rupel, en Macedonia central. El general francés Maurice Sarrail impuso la ley marcial en Salónica, controlando todas las comunicaciones, los ferrocarriles y el puerto. En junio, los Aliados ordenaron a Grecia que desmovilizara su ejército. Bulgaria invadió el país y ocupó Macedonia oriental a finales de agosto de 1916. En octubre, los italianos atacaron y ocuparon el norte del Epiro, en manos griegas.

La situación ya era insostenible. El ex primer ministro Venizélos y muchos otros griegos exasperados formaron un gobierno griego separado el 9 de octubre: el Gobierno Provisional de Defensa Nacional. Se unieron a los Aliados y declararon la guerra a Alemania y Bulgaria. Las potencias aliadas insistieron en que el rey Constantino abdicara y, cuando se marchó a Suiza en junio de 1917, el Gobierno Provisional de Grecia tomó el control de todo el país. Grecia expulsó a Bulgaria de Macedonia y retomó toda Serbia junto con las fuerzas aliadas. La Primera Guerra Mundial terminó en noviembre de 1918, y Grecia recibió Tracia a través de los tratados subsiguientes.

Cuando las potencias aliadas forzaron la abdicación de Constantino, descartaron al príncipe heredero Jorge como próximo rey, por considerar que compartía las inclinaciones proalemanas de su padre. Sin embargo, permitieron que el segundo hijo de Constantino, Alejandro, se convirtiera en rey de Grecia[49]. El rey Alejandro gobernó hasta su repentina muerte en octubre de 1920 por la mordedura de un mono. Estaba paseando por los jardines del palacio de verano cuando el macaco de Berbería del jardinero atacó al pastor alemán del rey. Cuando el rey intentó separar a los animales, otro mono lo atacó, causándole varias mordeduras que se volvieron sépticas. Tres semanas después, el rey murió. En ese momento, Grecia invitó a Constantino I a regresar, y este reanudó su gobierno en diciembre de 1920.

Para entonces, Grecia ya había entrado en la guerra greco-turca (1919-1922). Una vez finalizada la Primera Guerra Mundial, Grecia reclamó Anatolia (Asia Menor o Turquía occidental), que había pertenecido al Imperio bizantino. El Imperio otomano, en ruinas, aún contaba con 2,5 millones de griegos, a pesar de que los musulmanes mataron sistemáticamente a cientos de miles de cristianos griegos en Turquía durante la Primera Guerra Mundial[50]. El objetivo de Venizélos al reclamar Asia Menor era expulsar el dominio otomano «de aquellos territorios donde la mayoría de la población está formada por griegos»[51].

[49] "Downfall of King Constantine", Current History (1916-1940) 6, no. 1 (1917): 83–85. http://www.jstor.org/stable/45328408.

[50] Adam Jones, Genocide: A Comprehensive Introduction (London: Routledge, 2006), 154-55.

[51] "Not War Against Islam – Statement by Greek Prime Minister", The Scotsman. June 29, 1920, 5, 29.

El ejército griego desembarcó en Esmirna, en la costa occidental de Turquía, en mayo de 1919, que había recibido en el Armisticio de Mudros de 1918. Los griegos y armenios de la región unieron sus fuerzas al ejército griego y rápidamente se hicieron con el control de Asia Menor occidental. Los turcos contraatacaron con una guerra de guerrillas, y ambos bandos cometieron atrocidades étnicas contra los ciudadanos locales atrapados en la zona de guerra. Los griegos masacraron a musulmanes y los musulmanes asesinaron a ciudadanos ortodoxos griegos, obligando a los supervivientes a abandonar sus aldeas y dirigirse al este, a la región de Esmirna.

En los dos meses que transcurrieron entre la muerte del rey Alejandro y la reinstauración del rey Constantino, los griegos expulsaron a Venizélos, obligándolo a abandonar el país. Cuando el rey Constantino volvió al trono, las potencias aliadas cortaron la ayuda financiera y militar a Grecia. Rusia estaba inmersa en una guerra civil, pero la facción soviética proporcionó municiones a los revolucionarios del Movimiento Nacionalista Turco. En 1921, los griegos sufrieron una amarga derrota en la batalla de Sakarya, perdiendo el 80% de sus oficiales. En agosto de 1922, la Gran Ofensiva turca avanzó con más de 100.000 soldados. Los griegos tenían el doble de hombres, pero estaban desorganizados y desmoralizados. Los turcos aplastaron al ejército griego, capturaron a quince mil soldados y obligaron a retirarse al mar Egeo.

Los turcos incendiaron los barrios griego y armenio de Esmirna. Atrapados entre las fuerzas turcas, el fuego y el mar, los frenéticos ciudadanos no tenían adónde huir. Casi 100.000 personas murieron mientras la ciudad ardía durante nueve días. Los Aliados decidieron que un intercambio de población era la única forma de poner fin a nuevas atrocidades. El Tratado de Lausana de 1923 obligó a 1,2 millones de cristianos ortodoxos a abandonar Turquía por Grecia y trasladó a 400.000 musulmanes griegos de Grecia a Turquía.

El incendio de Esmirna en septiembre de 1922
https://commons.wikimedia.org/wiki/File:Smyrna-burn-1922.jpg

Tras la catástrofe de Esmirna, los partidarios de Venizélos obligaron al rey Constantino I a abdicar de nuevo en septiembre de 1922, instalando a su hijo mayor, Jorge II, como monarca. Pero cuando el Partido Liberal llegó al poder dos años más tarde, exilió a Jorge, declarando a Grecia república. El nuevo gobierno amenazó con una pena mínima de seis meses de cárcel a cualquiera que defendiera el retorno a la monarquía o cuestionara los resultados de las elecciones. El frágil nuevo gobierno avanzó con dificultad, interrumpido por una dictadura de un año cuando el general Theodoros Pangalos dio un golpe de estado en 1925. Fue expulsado al año siguiente y se restauró la república. Venizélos recuperó el control en 1928, lo que trajo cierta estabilidad. Sin embargo, la Gran Depresión (1929-1939) aplastó económicamente a Grecia y se reanudó el caos político.

Los griegos expulsaron a Venizélos en 1932, y tres golpes militares sacudieron el país entre 1933 y 1935. Finalmente, en octubre de 1935, el general Georgios Kondilis se impuso como primer ministro, disolvió la república y organizó unas elecciones amañadas que restauraron la monarquía con el 98% de los votos. Jorge II, que había estado viviendo en dos habitaciones del Brown's Hotel de Londres, regresó a Grecia en noviembre de 1935. Negándose a ser un rey títere, se enfrentó inmediatamente a Kondilis, lo destituyó y nombró primer ministro a Konstantinos Demertzis.

Demertzis murió de un ataque al corazón cuatro meses después, por lo que Jorge nombró primer ministro a Ioannis Metaxas, ministro de Defensa. Este nombramiento fue muy impopular entre el naciente Partido Comunista, y los trabajadores se declararon en huelga en toda Grecia. Metaxas declaró el estado de emergencia en agosto de 1936, alegando el malestar industrial y el «peligro comunista». Disolvió el parlamento y formó el Régimen totalitario de Agosto, imitando a la Italia fascista de Benito Mussolini. Prohibió los partidos políticos y las huelgas, además de cencurar los medios de comunicación. Su dictadura se mantuvo en el poder durante cinco años, hasta su muerte en 1941.

Ante la inminencia de la Segunda Guerra Mundial, Metaxas reforzó las fortificaciones de la frontera entre Bulgaria y Grecia con túneles, nidos de ametralladoras y estructuras en forma de «dientes de dragón» para impedir el paso de los tanques. Las fuerzas italianas de Mussolini invadieron el noroeste de Grecia en octubre de 1940, con lo que Grecia entró oficialmente en la Segunda Guerra Mundial. Los griegos resistieron con feroz tenacidad y expulsaron a los italianos del país. En abril de 1941, tres meses después de la muerte de Metaxas, Adolf Hitler invadió Grecia. El rey y el parlamento huyeron a Creta mientras alemanes, búlgaros e italianos inundaban Grecia.

Las fuerzas de ocupación saquearon las granjas y requisaron alimentos para alimentar a sus tropas. Grecia siempre había necesitado envíos de grano desde el exterior para abastecer a su población; el bloqueo de los Aliados se lo impedía. Con la llegada de la Gran Hambruna, las calles de Atenas se llenaron de cadáveres: hasta mil personas morían de hambre cada día. La situación en otros pueblos y ciudades era igual de desoladora: se calcula que el 5% de la población griega moría de hambre.

Pero Grecia había contado con fuerzas de resistencia en sus escarpadas montañas durante la guerra de Independencia griega, y tropas guerrilleras de montaña similares lanzaron una exitosa defensa contra los invasores. Italia se rindió a los Aliados en 1943, los alemanes y los búlgaros se retiraron de Grecia en 1944, y el rey y el gobierno griegos regresaron a Grecia. La Segunda Guerra Mundial terminó en septiembre de 1945.

Una brigada de caballería del Ejército Popular de Liberación griego
https://commons.wikimedia.org/wiki/File:IPPIKO-ELAS-1.jpg

Los dos movimientos de resistencia más importantes de Grecia —el Frente de Liberación Nacional y el Ejército de Liberación del Pueblo Griego— eran comunistas y estaban respaldados por la Unión Soviética y Yugoslavia. Su enfrentamiento con el gobierno griego desembocó en la guerra civil griega, que duró de 1944 a 1949 y devastó aún más el país. La guerra civil mató a 100.000 personas y destrozó la economía, que ya estaba al borde de la ruina. Finalmente, Joseph Stalin, de la Unión Soviética, dijo a los comunistas griegos que se retiraran; sería demasiado duro luchar contra Gran Bretaña y Estados Unidos. Un aspecto positivo de la influencia liberal en Grecia fue que las mujeres obtuvieron finalmente el derecho al voto el 28 de mayo de 1952.

Tras la Segunda Guerra Mundial, las islas del Dodecaneso, situadas en los mares Egeo y Mediterráneo, pasaron a Grecia con la condición de que permanecieran desmilitarizadas. Los minoicos y micénicos habían colonizado las islas a partir del II milenio a. e. c. y siempre habían mantenido estrechos lazos con Grecia. Durante el siglo XX, las islas pasaron por manos de Italia, Alemania y Gran Bretaña antes de unirse a Grecia el 7 de marzo de 1948.

En el segundo milenio antes de la era común, los micénicos también colonizaron la isla de Chipre, en el Mediterráneo oriental, al sur de Turquía y al oeste de Siria. En el siglo XX, alrededor del 80% de la población era chipriota-griega, de linaje griego y perteneciente a la Iglesia ortodoxa griega. El Imperio otomano ocupó Chipre hasta la guerra ruso-turca (1877-1878), cuando Gran Bretaña se hizo cargo de su administración.

En el siglo XX, la población griega de Chipre presionó a favor de una unión con Grecia, a la que se resistieron los turcos étnicos. Cuando Chipre obtuvo la independencia en 1960, los turcos chipriotas, que constituían el 20% de la población, obtuvieron una representación del 30% en el Parlamento. Muchos griegos consideraron que era una representación excesiva. En 1963 estalló la violencia, con un saldo de 174 griegos y 364 turcos muertos. Los griegos destruyeron 109 pueblos turcos, desplazando a 30.000 turcos étnicos. En 1974, los griegos chipriotas dieron un golpe de estado, aún deseosos de unirse a Grecia, lo que desencadenó una invasión turca. El resultado final fue una línea que dividía la isla en una sección norte bajo dominio turco y una sección sur bajo control chipriota-griego.

En la Grecia continental, la lucha entre los liberales de tendencia comunista y los conservadores de derechas alcanzó su punto de ebullición en 1967. Estados Unidos se había insertado en 1947 con la Doctrina Truman, que apoyaba un gobierno autoritario en Grecia para protegerse de la influencia soviética. En las elecciones de 1964, el Partido Unión de Centro, más progresista, obtuvo una victoria aplastante, y su fundador, Yorgos Papandréu, se convirtió en el nuevo primer ministro de Grecia.

Papandréu quería eliminar a los militares implicados en la sociedad anticomunista IDEA (*Ieros Desmos Ellinon Axiomatikon* o Sagrado Vínculo de los Oficiales Griegos), financiada por la CIA, que abogaba por una dictadura. Cuando Constantino II, de veinticuatro años, subió al trono en 1964, se enfrentó a Papandréu, forzando su dimisión en 1965. El rey sustituyó a Papandréu por una serie de primeros ministros del Partido Unión de Centro, que seguía manteniendo la mayoría, pero ninguno ocupó el cargo más de unas semanas. Los partidarios de Papandréu consideraban a estos hombres tránsfugas o «apóstatas» del partido, etiquetando las acciones de Constantino como *Apostasia* o golpe contra la realeza.

Grecia atravesó esta crisis política trastabillando. El 21 de abril de 1967, los habitantes de Atenas se despertaron con el ruido de los disparos y los tanques entrando en la ciudad. En la radio sonaban canciones militares, seguidas del anuncio: «Las Fuerzas Armadas Helénicas han tomado el gobierno del país». Los militares de derechas habían dado un golpe de Estado llamado Junta Griega, que instauró una dictadura de siete años. Censuraron los medios de comunicación, y detuvieron a políticos de izquierdas y a diez mil ciudadanos incluidos en listas negras, enviándolos a prisión o a un campo de concentración en la isla de Yaros. Miles de personas fueron torturadas por la Policía de Seguridad y la Policía Militar griega.

El rey Constantino intentó un contragolpe en diciembre de 1967 con los miembros de la marina y la fuerza aérea que aún le eran leales. Al fracasar el golpe, huyó de Grecia con su familia, y la junta nombró al mayor Georgios Zoitakis regente en ausencia del rey. Zoitakis nombró primer ministro al coronel George Papadopoulos, uno de los tres cabecillas del golpe. En 1972, Papadopoulos se convirtió en regente y primer ministro, y abolió la monarquía en junio de 1973.

En noviembre de 1973, varios centenares de estudiantes iniciaron una protesta en la Universidad Técnica Nacional de Atenas, exigiendo que la junta militar abandonara el poder. Al día siguiente, miles de ciudadanos acudieron al campus para apoyar a los manifestantes. Los estudiantes construyeron un sistema de radio que transmitía a toda Atenas. Tres días después, un tanque atravesó las puertas de la universidad y los militares desalojaron brutalmente a los manifestantes.

La semana siguiente, Dimitrios Ioannidis, protegido de Papadopoulos, inició un contragolpe que expulsó a Papadopoulos, acusándolo de alejarse de los ideales revolucionarios de 1967. Pero los militares griegos retiraron su apoyo a Ioannidis cuando patrocinó el desastroso golpe de 1974 en Chipre, que provocó la invasión de la isla por Turquía. Los dirigentes de la junta de segunda generación decidieron volver a poner a Grecia en la senda de las elecciones. Invitaron a Constantinos Karamanlís, que había sido primer ministro a principios de la década de 1960, a regresar del exilio y ejercer como líder interino de Grecia hasta que se reanudaran las elecciones.

Con la reanudación de las elecciones y una nueva administración, Constantino II confiaba en volver a ser el monarca de Grecia. Sin embargo, el electorado votó en contra de la restauración de la monarquía. Constantino permaneció en Londres, ya que era amigo íntimo de su primo el príncipe Carlos (actual rey Carlos III) y padrino de Guillermo, príncipe de Gales. En 2013, Grecia permitió finalmente a Constantino volver a vivir en Grecia como ciudadano privado.

El 1 de enero de 1981, Grecia ingresó en la Comunidad Económica Europea (CEE), a la que había presentado su primera solicitud en 1959. En 1961, Grecia y la CEE firmaron un Acuerdo de Asociación, pero el caos político subsiguiente congeló el proceso. Una vez restablecida la democracia en 1974, el primer ministro Karamanlís reactivó los procedimientos para integrar a Grecia como miembro de pleno derecho de la Unión Europea. Su objetivo era restaurar la estabilidad económica y política, así como modernizar la sociedad griega. Grecia adoptó el euro como moneda única en 2002.

En agosto de 2004, Atenas volvió a albergar los Juegos Olímpicos en su vigesimoquinta competición desde que el rey Jorge I recuperara los juegos modernos en 1896. Atenas construyó un nuevo aeropuerto, una carretera de circunvalación y una red de metro para acoger a más de once mil competidores y a un millón de visitantes. A pesar de las funestas predicciones de los medios de comunicación, todas las sedes se terminaron en la fecha prevista, y los sistemas de transporte y los recintos asombraron a todo el mundo. «¡Unos Juegos de ensueño inolvidables!», exclamó el presidente del Comité Olímpico Internacional, Jacques Rogge.

Vea más libros escritos por Enthralling History

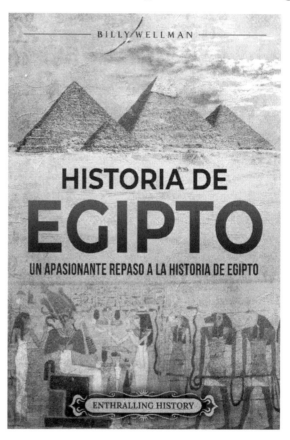

Conclusión

Grecia tuvo un inmenso impacto en nuestro mundo como cuna de la civilización occidental. Los minoicos fueron la primera cultura europea avanzada, un pueblo que construyó palacios impresionantes, creó un arte deslumbrante e ideó las dos primeras lenguas escritas de Europa. Poco después llegaron los micénicos, que elevaron a Grecia y las islas circundantes a nuevos niveles de organización urbana, ingeniería, arquitectura y destreza bélica. Sus barcos navegaron por el Mediterráneo y el mar Negro, intercambiando mercancías, estableciendo colonias y difundiendo una cultura avanzada.

Tras la Edad Oscura griega, la era arcaica introdujo en Europa la literatura escrita, como la *Ilíada* y la *Odisea* de Homero. Estamos en deuda con los asombrosos avances de los antiguos griegos en matemáticas, ciencia y medicina. Los filósofos griegos desarrollaron una observación lógica del mundo físico, y los primeros médicos griegos idearon el diagnóstico sistemático de las enfermedades comunes. Grecia dejó una huella indeleble en la cultura romana, la Iglesia cristiana, el Imperio bizantino, el Renacimiento y la política moderna. La experimentación y el desarrollo de los sistemas políticos griegos contribuyeron enormemente a las repúblicas democráticas de todo el mundo.

Los jeroglíficos cretenses y la escritura lineal A utilizados en Creta y el sur de Grecia fueron los primeros sistemas de escritura europeos. Las tablillas con la escritura lineal B, que datan de al menos el año 1350 a. e. c., documentan una forma antigua de la lengua griega que aún se habla hoy en día. El griego koiné, hablado y escrito, data del siglo IV a. e. c. y se convirtió en la lengua franca de los vastos territorios de tres continentes conquistados por Alejandro Magno. Los eruditos tradujeron el Tanaj (Antiguo Testamento) hebreo al griego koiné (la versión Septuaginta) en el Egipto helenístico, y los apóstoles escribieron el Nuevo Testamento en griego koiné.

El Imperio bizantino dejó un legado perdurable, especialmente su contribución al desarrollo de la Iglesia ortodoxa oriental. La arquitectura bizantina se extendió a Rusia y al sur, hasta Egipto. Los monjes, filósofos y artistas bizantinos cultivaron una mezcla cultural única de cristianismo con filosofía, ciencia, arte y literatura griegas. Conservaron el arte, la literatura, la filosofía, la ciencia, la tecnología y el derecho griegos y romanos a lo largo de los siglos hasta el Renacimiento.

La Grecia moderna se ha abierto camino a través de múltiples desafíos, empleando innovaciones y silenciando a los escépticos. Tras liberarse del dominio otomano, Grecia estableció la democracia parlamentaria más antigua del Mediterráneo oriental y del sureste de Europa. Ha perdurado desde 1864, con tres breves regímenes no democráticos que duraron un total de veintitrés años. Con algunos baches en el camino, Grecia ha pasado de la pobreza extrema a la prosperidad económica en las últimas siete décadas. Aunque su antiguo pasado clásico es un elemento intrínseco de la identidad nacional griega, la nación es hoy un actor mundial, que ha desarrollado una impresionante identidad geopolítica en el Mediterráneo oriental.

Bibliografía

Arriano. *Alejandro Magno: La Anábasis y la Indica.* Traducido por Martin Hammond. Oxford: Oxford University Press, 2013.

Austin, M. M. "Greek Tyrants and the Persians, 546-479 B. C.". *The Classical Quarterly* 40, no. 2 (1990): 289-306. http://www.jstor.org/stable/639090

Barron, John P. "The Sixth-Century Tyranny at Samos". *The Classical Quarterly* 14, no. 2 (1964): 210-29. http://www.jstor.org/stable/637725.

Beck, Julien, Despina Koutsoumbab, Dimitris Sakellariouc, Morgane Surdez, Flavio Anselmettie, Nikos Papadopoulos, Ionnis Morfis, et al. "Searching for Neolithic Sites in the Bay of Kiladha, Greece". *Quaternary International* 584 (20 de mayo de 2021):129-40. https://www.sciencedirect.com/science/article/pii/S1040618220308466#

Bennett, Bob, y Mike Roberts. *The Wars of Alexander's Successors, 323-281 BC. Volume I: Commanders and Campaigns.* South Yorkshire: Pen & Sword Military, 2019.

Bennett, Bob, y Mike Roberts. *The Wars of Alexander's Successors 323 - 281 BC. Volume 2: Battles and Tactics.* South Yorkshire: Pen & Sword Military, 2019.

Bicknell, P.J. "Anaximenes' Astronomy". *Acta Classica* 12 (1969): 53-85. http://www.jstor.org/stable/24591168.

Cartledge, Paul. *The Spartans: The World of the Warrior-Heroes of Ancient Greece.* New York: The Overlook Press, 2003.

Castleden, Rodney. *The Knossos Labyrinth: A New View of the 'Palace of Minos' at Knossos.* London: Routledge, 2012.

Chioti, Lamprini. "The Herulian Invasion in Athens (267 CE). The Archaeological Evidence". *Destructions, Survival, and Recovery in Ancient Greece*. American School of Classical Studies at Athens: 16 de mayo de 2019. https://www.academia.edu/39196609/The_Herulian_invasion_in_Athens_267_C E_The_Archaeological_Evidence

Clogg, Richard. *A Concise History of Greece*. Cambridge: Cambridge University Press, 2021.

Clogg, Richard. *A Short History of Modern Greece*. Cambridge: Cambridge University Press, 1979.

Coleman, John E. "The Chronology and Interconnections of the Cycladic Islands in the Neolithic Period and the Early Bronze Age". *American Journal of Archaeology* 78, no. 4 (1974): 333-44. https://doi.org/10.2307/502747.

Daskalov, Roumen, and Tchavdar Marinov. *Entangled Histories of the Balkans - Volume One: National Ideologies and Language Policies*. Leiden: Brill, 2013.

Davies, Siriol, and Jack L. Davis. "Greeks, Venice, and the Ottoman Empire". *Hesperia Supplements* 40 (2007): 25-31. http://www.jstor.org/stable/20066763.

Dillon, John and Lloyd P. Gerson. *Neoplatonic Philosophy: Introductory Readings*. Cambridge, MA: Hackett Publishing Company, 2004.

"Downfall of King Constantine". *Current History* (1916-1940) 6, no. 1 (1917): 83-85. http://www.jstor.org/stable/45328408.

Figueira, Thomas J. "Population Patterns in Late Archaic and Classical Sparta". *Transactions of the American Philological Association* 116 (1986): 165-213. https://doi.org/10.2307/283916.

Gellius, A. Cornelius. *Noctes Atticae (Noches áticas)*. Tomo I, Libro III. Loeb Classical Library. http://penelope.uchicago.edu/Thayer/E/Roman/Texts/Gellius/3*.html#8

Guthrie, W. K. C. *A History of Greek Philosophy*. Cambridge: Cambridge University Press, 1979.

Guthrie, W. K. C. *The Sophists*. Cambridge: Cambridge University Press, 1977.

Hack, Harold M. "Thebes and the Spartan Hegemony, 386-382 B.C.". *The American Journal of Philology* 99, no. 2 (1978): 210-27. https://doi.org/10.2307/293647.

Heidel, William Arthur. "Anaximander's Book, the Earliest Known Geographical Treatise". *Proceedings of the American Academy of Arts and Sciences* 56, no. 7 (1921): 239-88. doi:10.2307/20025852.

Henderson, W.J. "The Nature and Function of Solon's Poetry: Fr. Diehl, 4 West". *Acta Classica* 25 (1982): 21-33. http://www.jstor.org/stable/24591787.

Heródoto, *Las Historias*. Traducido por George Rawlinson. New York: Dutton & Co, 1862. http://classics.mit.edu/Herodotus/history.html

Hofmanová, Zuzana, Susanne Kreutzer, Garrett Hellenthal, Christian Sell, Yoan Diekmann, David Díez-del-Molino, Lucy van Dorp, et al. "Early Farmers from across Europe Directly Descended from Neolithic Aegeans". *PNAS*. 113 (25) (June 6, 2016): 6886–6891. doi:10.1073/pnas.1523951113. ISSN 0027-8424. PMC 4922144. PMID 27274049.

Homero. *La Ilíada*. Traducido por Samuel Butler. Internet Classics Archive. http://classics.mit.edu/Homer/iliad.html

Homero. *La Odisea*. Traducido por Samuel Butler. Internet Classics Archive. http://classics.mit.edu/Homer/odyssey.html

Hooten, E.R. *Prelude to the First World War: The Balkan Wars 1912-1913*. Gloucestershire: Fonthill Media, 2014.

Isócrates. *Cartas*. Perseus Digital Library. Tufts University. http://www.perseus.tufts.edu/hopper/text?doc=Perseus:text:1999.01.0246:letter=3

Jenkins, Romilly J. H. "The Hellenistic Origins of Byzantine Literature". Dumbarton Oaks Papers 17 (1963): 37–52. https://doi.org/10.2307/1291189.

Jones, Adam. *Genocide: A Comprehensive Introduction*. London: Routledge, 2006.

Jones, A. H. M. "The Greeks under the Roman Empire". *Dumbarton Oaks Papers* 17 (1963): 1–19. https://doi.org/10.2307/1291187.

Josephus, Flavius. *Antiquities of the Jews*. Traducido por William Whiston. Project Gutenberg. https://www.gutenberg.org/files/2848/2848-h/2848-h.htm

Kaldellis, Anthony. *Hellenism in Byzantium: The Transformations of Greek Identity and the Reception of the Classical Tradition*. Cambridge: Cambridge University Press, 2007.

Kelder, Jorrit M. (2010). *The Kingdom of Mycenae: A Great Kingdom in the Late Bronze Age Aegean*. Bethesda: CDL Press, 2010

King, RJ, S. S. Ozcan, T. Carter, E. Kalfoğlu, S. Atasoy, C. Triantaphyllidis, A. Couva's, et al. "Differential Y-chromosome Anatolian Influences on the Greek and Cretan Neolithic". *Annals of Human Genetics*. 72 (Marzo 2008): 205-14. do: 10.1111/j.1469-1809.2007.00414.x. PMID: 18269686.

Krausmüller, Dirk. "Emperors, Patriarchs, Metropolitans, Deacons and Monks: Individuals and Groups in the Byzantine Church (6th–11th Centuries)". *Scrinium* 17, 1 (2021): 199-238, doi: https://doi.org/10.1163/18177565-bja10048

Lazaridis, I, A. Mittnik, N. Patterson, S. Mallick, N. Rohland, S. Pfrengle, A. Furtwängler, et al. "Genetic Origins of the Minoans and Mycenaeans". *Nature* 548 (10 de agosto de 2017): 214-18. doi: 10.1038/nature23310. Epub 2017 Aug 2. PMID: 28783727; PMCID: PMC5565772.

Lupack, Susan. "Mycenaean Religion". In *The Oxford Handbook of the Bronze Age Aegean*, edited by Eric H. Cline, 2012. 10.1093/oxfordhb/9780199873609.013.0020.

Mansfield, D. F. "Plimpton 322: A Study of Rectangles". *Foundations of Science* 26 (2021): 977–1005. https://doi.org/10.1007/s10699-021-09806-0

Martin, Thomas R. *Ancient Greece: From Prehistoric to Hellenistic Times.* New Haven: Yale University Press, 1996.

Matyszak, Philip. *Greece Against Rome: The Fall of the Hellenistic Kingdoms 250-31 BC.* South Yorkshire: Pen & Sword Military, 2020.

Matyszak, Philip. *The Rise of the Hellenistic Kingdoms, 336-250 BC.* South Yorkshire: Pen & Sword Military, 2019.

Mazower, Mark. *The Greek Revolution: 1821 and the Making of Modern Europe.* New York: Penguin Press, 2021.

Mittal, Rakesh. *Hellenism and the Shaping of the Byzantine Empire.* Marquette University, 2010. https://epublications.marquette.edu/cgi/viewcontent.cgi?article=1001&context=jablonowski_award

"Not War Against Islam – Statement by Greek Prime Minister". *The Scotsman.* 29 de junio de 1920.

Ostrogorsky, George. "Byzantine Cities in the Early Middle Ages". *Dumbarton Oaks Papers* 13 (1959): 45–66. https://doi.org/10.2307/1291128.

Oost, Stewart Irvin. "Cypselus the Bacchiad". *Classical Philology* 67, no. 1 (1972): 10-30. http://www.jstor.org/stable/269012.

Peoples, R. Scott. *Crusade of Kings.* Rockville, MD: Wildside Press LLC, 2013, 13. ISBN 978-0-8095-7221-2

Platón. *La República.* Traducido por Benjamin Jowett. Internet Classics Archive. http://classics.mit.edu/Plato/republic.9.viii.html

Plutarco. *Cimón.* Traducido por John Dryden. Internet Classics Archive. http://classics.mit.edu/Plutarch/cimon.html

Polybius. *Histories.* Book 16. http://www.perseus.tufts.edu/hopper/text?doc=Perseus%3Atext%3A1999.01.0234%3Abook%3D16%3Achapter%3D34

Pomeroy, Sarah B., Stanley M. Burstein, Walter Donlan, Jennifer Tolbert Roberts, David W. Tandy, y Georgia Tsouvala. *Ancient Greece: Politics, Society, and Culture.* New York: Oxford University Press, 2020.

Rhodes, P. J. *Athenian Democracy* (Edinburgh Readings on the Ancient World). Oxford: Oxford University Press, 2004.

Runciman, Steven. *The Byzantine Theocracy: The Weil Lectures, Cincinnati* (Cambridge: Cambridge University Press, 2004), ISBN 978-0-521-54591-4.

Runnels, Curtis. "Review of Aegean Prehistory IV: The Stone Age of Greece from the Paleolithic to the Advent of the Neolithic". *American Journal of Archaeology* 99, no. 4 (1995): 699–728. https://doi.org/10.2307/506190.

Svolopoulos, Constantinos. "The Ecumenical Patriarchate in the Ottoman Empire (1453-1923): Adaptation and Change". *Journal of Modern Hellenism.* 17-18 (2000-2001); 107-123.

Syme, Ronald. "The Greeks under Roman Rule". *Proceedings of the Massachusetts Historical Society* 72 (1957): 3-20. http://www.jstor.org/stable/25080512.

Teofrasto. *Personajes.*Traducido por R.C. Jebb. https://www.eudaemonist.com/biblion/characters/

The William Davidson Talmud (Koren - Steinsaltz). https://www.sefaria.org/Yoma.69a.14?lang=bi&with=all&lang2=en

Tucídides. *Historia de la Guerra del Peloponeso.* Traducido por Rex Warner. New York: Penguin Classics, 1972.

Treadgold, Warren. "The Persistence of Byzantium". *The Wilson Quarterly* (1976-) 22, no. 4 (1998): 66–91. http://www.jstor.org/stable/40260386.

Warren, Peter. "Knossos: New Excavations and Discoveries", *Archaeology* 37, no. 4 (1984): 48–55. http://www.jstor.org/stable/41731580.

Worthington, Ian. *By the Spear: Philip II, Alexander the Great, and the Rise and Fall of the Macedonian Empire* (Ancient Warfare and Civilization). Oxford: Oxford University Press, 2016.

Xenophon. *The Landmark Xenophon's Hellenika.* Translated by John Marincola. New York: Anchor, 2010.

Young, David C. *The Modern Olympics: A Struggle for Revival.* Baltimore: Johns Hopkins University Press, 1996.

Made in the USA
Columbia, SC
07 December 2024

48639490R00085